Peter Wendl

# Soldat im Einsatz –
# Partnerschaft im Einsatz

*Praxis- und Arbeitsbuch für Paare und Familien
in Auslandseinsatz und Wochenendbeziehung*

Peter Wendl

# SOLDAT IM EINSATZ – PARTNERSCHAFT IM EINSATZ

Praxis- und Arbeitsbuch für Paare und Familien
in Auslandseinsatz und Wochenendbeziehung

HERDER

FREIBURG · BASEL · WIEN

7. Auflage 2020

© Verlag Herder GmbH, Freiburg im Breisgau 2011
Alle Rechte vorbehalten
www.herder.de

Coverkonzept, Foto und Gestaltung:
simondesign Simone Uetz, Isny

Satz: Weiß-Freiburg GmbH – Graphik & Buchgestaltung
Herstellung: Graspo CZ, Zlin
Printed in the Czech Republic

Gedruckt auf umweltfreundlichem, chlorfrei gebleichtem Papier
Printed in Germany

ISBN 978-3-451-30466-8

# Inhalt

# Partnerschaft, Familie und Bundeswehr – ein „Arbeits- und Mutmach-Buch"

**WAS BEDEUTET EINE WOCHENENDBEZIEHUNG,** ein Auslandseinsatz im Rahmen der Bundeswehr für Partnerschaft und Familie? Was ist an den Rahmenbedingungen einer Beziehung mit einem Soldaten/einer Soldatin in der Bundeswehr besonders? Was ist zu beachten, wenn Partner und Familie oft über Wochen oder gar Monate voneinander entfernt leben? Was sind typische Klippen, aber auch Entwicklungsmöglichkeiten für die Partner? Wie wirken sich die Ängste um den Soldaten/die Soldatin im Einsatz oder den Partner/die Partnerin sowie die Kinder daheim auf die Beziehung aus? Wie geht „man/frau" richtig mit den Ängsten und Befürchtungen um? Was ist besser: verdrängen und verschonen oder doch mitteilen und sich austauschen – und dabei womöglich erst Ängste schüren? Und was kann ein Buch zum Gelingen einer Partnerschaft auf Distanz bzw. zum Bewältigen der besonderen Herausforderungen im Kontext der Bundeswehr beitragen? Diese Fragen gelten insbesondere dann, wenn die Trennung – wie bei einem Auslandseinsatz – als mehr oder weniger gefährlich erlebt wird. Gibt es Denkanstöße oder Tipps, die wirklich helfen können, damit die Herausforderungen des Auslandseinsatzes und der Wochenendbeziehung für die Partnerschaft und Familie gelingen können – oder sogar zur Chance und zur Stärkung für die Beziehungen werden?

Nach insgesamt sieben Jahren eigener Fernbeziehung – teilweise über Monate und Kontinente hinweg – vor allem aber nach mehr als 150 Seminaren mit über 900 Soldaten sowie ihren Angehörigen vor, während und nach Auslandseinsätzen oder Wochenendbeziehungen, kann ich einerseits festhalten: Jede Beziehung und jede Familie ist – selbstverständlich – einzigartig! Dennoch helfen andererseits bestimmte Strategien, diese herausfordernden Zeiten besser zu bestehen. So möchte ich Sie mit diesem Buch an dem reichen Erfahrungsschatz zahlreicher Paare sowie an vielen Gesprächen mit Soldaten und ihren Familien im Kontext der Militärseelsorge und der Bundeswehr teilhaben lassen. Darüber hinaus sollen Sie inspiriert werden, Ängste in Ihrer Partnerschaft zu teilen, Kraft zu schöpfen und neue, vielleicht ungewöhnliche Wege zu gehen, aber auch Fehler zu vermeiden. Vor allem möchte ich Sie ermutigen, diese besondere Zeit so zu gestalten, dass Ihre Partnerschaft und die Beziehungen in Ihrer Familie gestärkt werden.

Der Titel des Buches „Soldat im Einsatz – Partnerschaft im Einsatz" weist bereits auf eine Besonderheit hin: Denn die Zeit rund um einen Einsatz bedeutet, dass sich nicht nur die Soldatinnen und Soldaten, sondern auch deren Angehörige, Partnerinnen und Partner, Kinder und gewissermaßen auch die Beziehungen und die Partnerschaften aller Betroffenen „im Einsatz" befinden. Oder wie es eine meiner Seminarteilnehmerinnen formulierte: „Wenn du ins Ausland musst, heißt das für mich immer, dass auch ich daheim gleichzeitig meinen ganz eigenen Einsatz fahren muss!"

Ein kurzer Überblick über den weiteren Aufbau des Buches soll Sie neugierig machen für die folgenden Ausführungen. Zusätzlich aber kann er Ihnen erleichtern, besonders aktuelle Themen vorzuziehen. Die Kapitel 1 bis 6 geben vor allem Informationen, die dazu dienen, Hintergründe, Abläufe und Entwicklungen besser zu verstehen und Orientierungen zu erhalten. Die Kapitel 7 bis 11 dagegen ermuntern Sie gewissermaßen, „für die Praxis" eigene Gedanken festzuhalten, diese mit dem Partner/der Partnerin auszutauschen und dazu gemeinsam Strategien zu entwickeln.

Kapitel 1 bietet eine Auseinandersetzung mit den unterschiedlichen Lebenswelten der Partner in Fernbeziehungen. Kapitel 2 gibt Antworten darauf, was eine „typische Fernbeziehung" in der Bundeswehr ausmacht. Um das zu beantworten, werden acht konzentrierte Thesen als Orientierung und Zusammenfassung formuliert. Anschließend bietet Kapitel 3 eine Übersicht über zehn zentrale „Spielregeln", wie der Auslandseinsatz und die Wochenendbeziehung zur Chance werden können, um Ihre Partnerschaft zu stärken. Kapitel 4 setzt sich mit der Thematik „Kinder in Fernbeziehungen" und wichtigen Orientierungen für Erziehungsfragen auseinander. Kapitel 5 behandelt ein oftmaliges Tabu: existenzielle Ängste, besonders vor, während und nach den Auslandseinsätzen. Dazu gehören sowohl die Ängste der Soldaten als auch die ihrer Angehörigen zu Hause. Es geht dabei darum, belastende Ängste besser zu verstehen und ihnen damit ein wenig von ihrem Schrecken zu nehmen. Ein zentraler Abschnitt des Buches folgt in Kapitel 6. Hier werden, symbolisch „in sieben Fundamente" gegliedert, wesentliche Grundlagen aufgezeigt, wie Paare und Familien im Vorfeld von Auslandseinsätzen Ängste reduzieren und in belastenden Zeiten gemeinsam stärker werden können.

Der Praxisteil des Buches beginnt mit den ersten Trainingslisten in Kapitel 7. Dabei geht es darum, sich mit eigenen Eindrücken, Erfahrungen und Überlegungen zu befassen, die im Zusammenhang mit dem Auslandseinsatz stehen, also einer länger dauernden Trennung. Die speziellen Eigenheiten der einzelnen Phasen einer Fernbeziehung in der Bundeswehr (vor, während und nach dem Einsatz) werden dabei ausführlich besprochen. Ergänzend finden Sie Raum für eigene Pläne und Beobachtungen, die Sie langfristig bereichern werden. So kann ein Schatz für Ihre eigene Fernbeziehung wachsen: für die Zeit vor der Abreise, für den Tag der – oft beklemmenden – Abreise selbst, für die Zeit des Entfernt-Seins sowie für die Phasen der Rückkehr und des Wiedersehens, in denen die Partner stets neu zueinander finden müssen.

In Kapitel 8 wird, ergänzend dazu, Grundsätzliches für die Distanzbeziehung bearbeitet. Die Fragen orientieren sich, im Gegensatz zum vorhergehenden Kapitel, nicht so sehr an den Phasen der Trennungszeiten, sondern befassen sich mit Themen, die von dem Rhythmus der Fernbeziehung unabhängig und zeitlos sind. Hierbei dient die Wochenendbeziehung als Maßstab. Dennoch stehen zentrale Angelegenheiten im Mittelpunkt, die auch beim Auslandseinsatz von Bedeutung für Partnerschaft und Familie sind. Kapitel 8 bietet darüber hinaus einen zu den vorhergehenden Kapiteln alternativen Weg, sich mit der Thematik der Distanzbeziehung auseinanderzusetzen: Ein typischer Briefwechsel zweier Partner zeigt hier eine Wochenendbeziehung mit charakteristischen Höhen und Tiefen, aber auch mit ihren Sehnsüchten und Fragen. In vielen Aspekten dürften Sie sich darin wiederfinden. Der Briefwechsel will einerseits zum Nachdenken und zur Diskussion über Ihre eigene Fernbeziehung anregen. Andererseits bietet er zahlreiche Impulse, die Sie und Ihre Partnerschaft bereichern oder auch zum Widerspruch anregen sollen. Kapitel 10 beschließt die Ausführungen mit einem Ausblick. Ergänzend dazu sind in Kapitel 11 Kopiervorlagen für den leichteren Austausch mit Ihrem Partner/Ihrer Partnerin mit zentralen Fragen zu Fernbeziehungszeiten zu finden. Kapitel 12 listet zum Abschluss wichtige Internetadressen und hilfreiche Initiativen rund um relevante Einsatzthemen auf.

Dieses Praxisbuch kann Ihnen Schritt für Schritt zum „Routenplaner" für Ihre eigene Gestaltung einer Wochenendbeziehung oder eines Auslandseinsatzes werden. Eine Reihe von bisweilen ungewöhnlichen Tipps ist quer durch alle Kapitel enthalten; ich nenne sie gern kleine „Verrücktheiten". Diese sind in einer Beziehung zeitlos wichtig: Denn wer etwas „ver-rückt", der/die verändert etwas, gewinnt eine neue Sicht und kann so Altes neu beleben und Perspektiven auf Gewohntes verändern, um neue Herausforderungen besser zu bestehen. „Verrücktheiten" erhalten die Lebendigkeit, sie unterbrechen das, was lähmend eingespielt ist und sie sind schon deshalb wichtig, weil besondere Lebensphasen, wie es Fernbeziehungen sind, auch besonderer Aktivitäten und Antworten bedürfen.

Die zahlreichen „Tipps", die Sie quer durch alle Kapitel finden, orientieren sich überwiegend an positiven Erfahrungen von anderen Paaren und Familien. Diese wurden von den Betroffenen als hilfreich empfunden und in den Seminaren sowie Gesprächen empfohlen.

Noch drei Vorbemerkungen: Um die Lesbarkeit des Buches möglichst einfach zu halten, wurde in der Mehrzahl, wenn also viele oder alle Personen gemeint sind, nur die männliche Sprachform verwendet (die Soldaten, die Partner). Selbstverständlich sind dabei ausdrücklich alle Frauen und Männer gemeint! Wenn von einzelnen Personen die Rede ist, zeigte sich, dass es für die Betroffenen wichtig ist, jeweils beide Geschlechter ausdrücklich anzusprechen. Deshalb unterscheidet die Schreibweise in der Einzahl zwischen „der Soldat/die Soldatin", „der Partner/ die Partnerin".

In den Trainingsaufgaben wird teilweise gewechselt zwischen der direkten Ansprache, z. B. „Überlegen Sie …" und der Ich-Form, etwa „Was sollte ich …?". Diese Stilwechsel sind gewollt, weil sie einen unterschiedlich intensiven Zugang zu den Gedanken und Einstellungen erleichtern.

Das Buch ist so gestaltet, dass die Kapitel in unterschiedlicher Reihenfolge oder zeitlich auch über einen Auslandseinsatz verteilt gelesen werden können. Einige wesentliche Orientierungen werden daher in relevanten Abschnitten bewusst kurz wiederholt.

# 1. AUSLANDSEINSÄTZE UND WOCHENENDBEZIEHUNGEN

## 1.1 Verschiedene Lebenswelten zwischen Partnerschaft, Familie, Kaserne und Single-Leben?

**DIE ZEIT EINES AUSLANDSEINSATZES** oder einer Wochenendbeziehung kann für Soldaten und ihre Angehörigen eine bereichernde Erfahrung sein. Oft aber sind diese Phasen auch verbunden mit großen Herausforderungen für Partnerschaft und Familie. Der Lebensalltag von Soldaten und ihren Partnern wird zudem von regelmäßigem Abschied und Wiedersehen bestimmt: durch weit vom Wohnort entfernte Standorte, Versetzungen, Umzüge, Lehrgänge, Sprachkurse oder Vorbereitungen auf den Auslandsaufenthalt. Mindestens zwei getrennte Welten haben sich deshalb immer wieder neu aufeinander einzuspielen – die entfernt voneinander verbrachte Zeit während der Woche und die gemeinsamen Wochenendtage. Im steten Wechsel werden die Phasen des Abschiednehmens mit Ängsten und Befürchtungen, der Trennung sowie des nicht selten mühevollen „Neu-zusammenfinden-Müssens" erlebt. Wochenendbeziehung bedeutet meist, dass der Freitag vom Heimfahren und vom langsamen Abstand von der Arbeitswelt gekennzeichnet ist – oft mit der entsprechenden Erschöpfung und Gereiztheit. Am Sonntag dominieren häufig bereits ab Mittag die Vorbereitungen für die Fahrt und die neue Arbeitswoche, die ihre Schatten schon vorauswirft – mit der folgenden Traurigkeit und der für viele Paare bekannten „Sonntagnachmittagsbeklemmung". Wochenendbeziehung bedeutet, so sagte es eine Teilnehmerin in einem meiner Seminare, „eigentlich oft zwei Leben: ein beinahe Single-Leben mit allen Vor- und Nachteilen während der Alltagswoche und sozusagen zugleich ein – meist zu kurzes – gemeinsames Leben während der Wochenenden. Das Schwierigste ist der ständige Rhythmus: das Hineinfinden und wieder Herausfinden aus den zwei Welten."

Gewiss, einen Alltag gibt es auch während des Auslandseinsatzes oder der Wochenendbeziehung. Genau genommen besteht eine Distanzbeziehung also aus diversen Alltagswelten mit unterschiedlichen Herausforderungen, Gefährdungen, je eigenen Arbeitswelten der Partner, mit privaten Erlebniswelten der Soldaten, der Partner, der Familie und der Kinder. Diese sind bei einem Auslandseinsatz sogar über Flugstunden voneinander entfernt. „All diese Aspekte", so sagte es eine andere Fernbeziehungserprobte in einem Seminar, „gehören eigentlich irgendwie zusammen – und doch müssen sie für die getrennte Zeit auch getrennt klarkommen. Sonst gäbe es eine Sehnsuchtskatastrophe." Nun könnte dagegengehalten werden: Verschiedene Welten gibt es doch in der Nahbeziehung ebenso jeden Tag, aber das stimmt nur bedingt. Der ständige Wechsel von intensiver Nähe und großer räumlicher Entfernung sorgt dafür, dass zwar einerseits bisweilen Raum für Unternehmungen bleibt, die sonst nur Singles in ihrer Ungebundenheit leben können. Aber es bedeutet andererseits auch, dass Zeit für gemeinsame Aktivitäten, wichtige Gespräche und organisatorische Erledigungen fest eingeplant werden muss. Es bedeutet aber vor allem, dass der Partner/die Partnerin zuhause das Defizit des/der Entfernten ersetzen muss. Die pendelnden Partner (etwa drei Viertel der Pendelnden in Fernbeziehungen sind in Deutschland übrigens Männer, bei Soldaten ist die Zahl nochmals deutlich höher) dagegen müssen mit der Fremde leben lernen, mit der Entfernung in den Einsätzen und den möglichen Gefährdungen. Immerhin sind sie eingebettet in die Gemeinschaft der Kameraden und Kameradinnen, was wieder eigene Vorteile für den leichteren Austausch, aber durchaus auch Belastungen mit sich bringt. Beide „Parteien" müssen dabei immer wieder neu zusammenfinden. Und nicht selten – besonders, wenn das Paar Kinder hat – müssen Abstriche bei den eigenen Bedürfnissen gemacht werden. „Während der Woche bin ich Alleinerziehende und muss auch allein zurechtkommen. Am Wochenende aber bin ich plötzlich nur noch eine von zwei Eltern." So lautet ein Satz, den Familien kennen, die im Wechsel von Abschied und Wiedersehen leben. Aber: Während der Woche sind die Partner letztlich auch nicht allein erziehend, selbst wenn der Partner/die Partnerin weit entfernt lebt und arbeitet. Vor allem aber sind Sie, das möchte ich Ihnen direkt zu Beginn dieses Buches ausdrücklich zurufen, kein Single, auch wenn sich das manchmal so anfühlt!

Wie Sie diese Herausforderungen als Chance erleben, daran gemeinsam stärker werden und einen Auslandseinsatz oder die Wochenendbeziehung – trotz

Sehnsucht und manchmal auch Not – erfüllend gestalten können, dafür werden Ihnen in diesem Arbeitsbuch vielfältige Wege aufgezeigt. Seien Sie neugierig!

# 1.2 Sehnsucht und Eifersucht: vertraute Gefühle von Wochenend-beziehungspaaren

**DIE SEHNSUCHT NACH EINEM GEMEINSAMEN** Alltag ist ein vertrautes, langfristiges Gefühl vieler Paare, die in Fernbeziehungen leben: Um nur einige Beispiele zu nennen: die Sehnsucht, sich am Abend austauschen zu können – und zwar nicht nur am Telefon; die Sehnsucht, „einfach so" nebeneinander einschlafen zu können; die Sehnsucht, inmitten der Woche ganz normale Aktivitäten wie einen spontanen Abendspaziergang unternehmen zu können, und unzählige weitere Situationen könnten dafür genannt werden. Ein weiteres Thema ist die Sehnsucht des entfernten Partners/der Partnerin nach den Kindern daheim. Nicht zuletzt auch daraus kann Eifersucht entstehen. Viele Paare kennen die Konflikte des Wochenend-Papas oder der Wochenend-Mama, die in der seltenen gemeinsamen Zeit besonders „viel wert" erscheinen (und beim Partner/der Partnerin auf lange Sicht Reaktionen erzeugen können, wie ich sie z. B. drastisch auf einem Seminar hörte: „Bist du bei den Kindern der Feiertagsheld und ich der Alltagstrottel?") oder die im Gegenteil aufgrund der langen Abwesenheiten in ihrer Rolle als Eltern und als Autorität von ihren Kindern weniger akzeptiert werden.

Weitere vertraute Begleiterscheinungen für diese Paare sind oft auch Unsicherheit und Eifersucht. Obwohl jeder Partner/jede Partnerin eigentlich weiß, dass Verlass ist auf den jeweils anderen, schleichen sich gern Gedanken wie diese ein: „Da lag doch so ein seltsamer Unterton in der Stimme …", „Seit Wochen schon ist er/sie so distanziert …" oder „Warum ruft er/sie plötzlich so viel seltener an, am Anfang haben wir nächtelang geredet und gar nicht genug davon bekommen können?" Kein Wunder, dass viele Paare in meinen Seminaren das Telefon, bei aller Wichtigkeit, auch als „Medium der Missverständnisse" bezeichnen. Auch Skype und viele andere technische Entwicklungen erleichtern den täglichen Austausch und sind wertvoll. Aber sie ersetzen doch letztlich nicht die Anwesenheit des Partners/der Partnerin.

Für viele Paare sind das vertraute Gedanken, insbesondere, wenn die Partnerschaft noch nicht sehr lange dauert. Die Sehnsucht wird bleiben, denn wer liebt, sehnt sich nach Nähe – auch wenn gesunde Distanz etwas Wichtiges und Heilsames für jede Beziehung ist. Es geht auch nicht darum, die Entfernung zur Gewohnheit zu machen oder gar reine Routine darin zu bekommen. Die Sehnsucht, die Unsicherheit und auch die Eifersucht sind dabei aber nachvollziehbar und müssen nicht nur belastend bleiben, denn sie zeigen, „dass wir uns nicht aus den Augen verlieren". Andererseits besteht vor allem in der Wochenendbeziehung die Gefahr, sich mit der Distanz abzufinden und damit während der Woche allein zu sein. Gerade darin liegt eine Klippe jeglicher Fernbeziehung: den Partner/die Partnerin langsam aus den Augen zu verlieren und einander fremd zu werden, ohne zu merken, wann diese Entfremdung beginnt.

Gilt dies nicht für jede Partnerschaft?, könnte hier wieder gefragt werden. Ja, ganz sicher. Nur wird es bei Wochenendpaaren lange Zeit verdeckt. Denn das ständige Unterwegssein nötigt einen so hohen Energieaufwand ab, dass die Partner oft das Gefühl haben, bereits sehr viel in die Partnerschaft zu investieren. Tatsächlich investieren sie vor allem in das Unterwegssein zum Partner/zur Partnerin bzw. zur Familie, nicht aber unmittelbar in die Beziehung. Deshalb gilt es, die Partnerschaft AUCH während der entfernt verlebten Wochen und eben NICHT NUR am Wochenende mit Leben zu füllen. Es gilt Raum zu schaffen für gelingende Kommunikation, für Streit und Zärtlichkeit, für Liebe und Wut, für Trauer und Geborgenheit, für Intimität und erfüllende Sexualität, für Planung von Alltäglichem und als Grundlage von allem: immer wieder auch versöhnungsbereit zu sein. Das ist die hohe Kunst der Fernbeziehung. Denn diese Aspekte entscheiden letztlich darüber, ob Sie in der Distanzbeziehung, mit allen Höhen und Tiefen, insgesamt eine erfüllte Partnerschaft erleben oder eben unzufrieden sind.

# 2. MOBILITÄTSANFORDERUNGEN FÜR SOLDATEN UND IHRE ANGEHÖRIGEN

Oftmaliges Umziehen und Versetztwerden, Auslandseinsätze, tägliches Fernpendeln – bis zu einer Stunde oder sogar mehr – und Wochenendbeziehungszeiten: das alles sind vertraute Beziehungs- und Lebensformen für Soldaten und ihre Partner. Die Mobilitätsbereitschaft geht gewissermaßen automatisch mit der Wahl des Soldatenberufs einher. Doch ganz so einfach ist die Antwort darauf nicht. Schließlich sind alle Angehörigen ebenfalls betroffen. Die Gründe für die zunehmenden Auslandseinsätze liegen auch an sich verändernden Zuständigkeiten der Bundeswehr selbst. Sie hat sich von einer Verteidigungsarmee zu einer Armee im Einsatz gewandelt. Eine Verringerung der Truppenstärke der Bundeswehr hat wiederum für viele Soldaten zur Folge, dass auch die Einsatzhäufigkeiten zunehmen. Umso wichtiger ist es zu beobachten, wie die Soldaten und ihre Angehörigen mit diesen zusätzlichen Anforderungen an ihre Mobilität umgehen.

## 2.1 Was ist für Soldaten und ihre Partner eine typische Fernbeziehung?

**WOCHENENDBEZIEHUNGEN UND ZUSÄTZLICHE** Auslandseinsätze in der Bundeswehr werden oft noch verschärft durch Einsatzvor- und -nachbereitungen. Diese finden meist ohne die Partner oder die Familien statt und bedeuten daher sogar weitere Zeiten der Abwesenheit. Hinzu kommen z. B. Lehrgänge oder Sprachkurse, Übungen und Bordkommandos sowie oftmalige Versetzungen an andere Kasernenstandorte. Nicht wenige Soldaten sind alle zwei bis fünf Jahre von Versetzungen betroffen. Dann stehen die Paare vor der Entscheidung, mit der ganzen Familie umzuziehen, zu pendeln oder aber zeitweise bis langfristig eine Partnerschaft auf Distanz zu führen. Untersuchungen zeigen, dass immer weniger Familien sofort mit umziehen. Diese warten erst ab, wie sich die neue Stelle entwickelt und auf wie lange sie überhaupt angelegt sein wird, oder die Familien bevorzugen generell stattdessen einen „langfristigen, festen Familienstandort".

Von welchen Umständen und Einflüssen ist die Entscheidung für oder gegen einen Umzug abhängig? Die wichtigsten Gründe pro oder contra Pendlerbeziehung im Überblick:

**Qualifizierungsgrad des Partners/der Partnerin der Soldaten:** Je besser die Qualifikation ist, desto geringer ist meist die Motivation, am neuen Einsatzort „von vorne" anzufangen – zumal dort oft kein angemessener Ersatz für die momentane Arbeitsstelle gefunden wird.

**Wahrscheinlichkeit von Auslandseinsätzen und zusätzliche Mobilitätsanforderungen:** Je größer die Wahrscheinlichkeit für weitere Umzüge oder Auslandseinsätze ist, desto geringer ist die Motivation, mit umzuziehen, da sonst die Partner am neuen Wohnort wieder alleine wären und der Vorteil des Umzugs teilweise verloren ginge.

**Alter der Soldaten und Dienstdauer in der Bundeswehr:** Je länger in der Bundeswehr und je älter Soldaten sind, desto geringer ist die Motivation der Familie für einen gemeinsamen Umzug. Entscheidend wirkt sich dann auch das näher rückende Pensionierungsalter aus („Wir bauen uns etwas auf für später", „Wir wollen möglichst unseren festen Wohnort und unsere Bekannten, das soziale Umfeld behalten"). Insbesondere wenn Kinder im Schulalter in der Familie leben, senkt dies zusätzlich die Bereitschaft, zusammen mit dem Partner/der Partnerin an den neuen Standort zu gehen.

**Soziales Umfeld:** Je besser die Familie an einem Wohnort vernetzt ist, desto geringer ist die Bereitschaft umzuziehen. Zu bedenken ist auch, dass Soldaten sehr häufig – den Umständen des langen Unterwegsseins geschuldet – den Freundeskreis der Partner zuhause übernehmen. Auch werden freundschaftliche Beziehungen während der Abwesenheitszeiten überwiegend von den Partnern aufrechterhalten. Dieses Argument wird, wie schon genannt, umso wichtiger, je näher die Pensionierung rückt. Soziale Stabilität, etwa durch die Pflege der Freundeskreise des Paars und der Kinder, wird also meist durch die Partner daheim gesichert. Deshalb nehmen Soldatenfamilien das Entferntsein und längere

Fahrzeiten für den Pendler/die Pendlerin als Kompromiss auf sich. Verwandtschaft (Eltern, Schwiegereltern etc.) und besonders auch zu pflegende Angehörige am Ort vermindern nochmals die Bereitschaft umzuziehen.

**Beziehungszufriedenheit:** Belastete Paare mit momentan geringerer Beziehungszufriedenheit sind weniger aufgeschlossen für den Schritt des gemeinsamen Umziehens.

**Karriereabsichten des Soldaten/der Soldatin:** Sie sind nicht automatisch entscheidend dafür, dass die Familie mit umzieht. Hier hat sich das traditionelle Rollenbild von Partnerschaft und Familie auch bei Soldaten deutlich verändert. Ein höherer Dienstgrad bedeutet noch keine größere Bereitschaft der Partner, bei Versetzungen mit umzuziehen.

Je mehr Gründe für die Partner von Bedeutung sind, desto wahrscheinlicher ist die Motivation, einen festen, konstanten und gemeinsamen Haupthaushalt zu behalten. Die am häufigsten genannten, aber auch stark altersabhängigen Gründe, die zur Umzugsunwilligkeit und damit zu einer Distanzbeziehung im Alltag führen, sind:
- der Beruf/die Qualifikation des Partners/der Partnerin der Soldaten
- die Wahrscheinlichkeit neuer Auslandseinsätze oder Umzüge
- ein intaktes soziales Umfeld vor Ort und Kinder im Schulalter.

Diese Erkenntnisse müssen berücksichtigt werden, um im folgenden Abschnitt Thesen formulieren zu können, die ein besseres Verständnis für Entwicklungen, Chancen und Gefahren von Fernbeziehungen erlauben.

# 2.2 Acht Thesen für Distanzbeziehungen im Kontext Bundeswehr

**WAS MACHT DAS LANGE** und oftmalige Unterwegssein mit den Beziehungen und der Partnerschaft? In diesem Abschnitt wird in acht konzentrierten Thesen zusammengefasst, was eine typische Fernbeziehung ausmacht und welche Hintergründe eine besondere Rolle spielen.

## Es gibt typische Verlaufsformen von Fernbeziehungen

Hier kann von einem Kreislauf der Gefühle („emotionaler Entwicklungszyklus") gesprochen werden. Denn die Gefühlsentwicklung geht von der Ankündigung des Einsatzes oder der Versetzung über die Vorbereitung des Abschieds bis zum eigentlichen Abreisetag, die tatsächliche Zeit des Entfernt-Seins hin zum Wiedersehen und der Phase des langsamen, neuen Zueinanderfindens in den gemeinsamen Zeiten. Prinzipiell lässt sich also sagen, dass die Partner – egal wie oft und wie lange sie getrennt sind – im starken Pendel von Abschied (loslassen), räumlicher Distanz (an Entfernung gewöhnen) und Wiedersehen (neu zusammenfinden) leben. Die gefühlsmäßige Entwicklung hängt besonders davon ab, ob die Partner zufrieden sind mit ihrem Lebensstil und vor allem mit dem Alltag, den sie getrennt meistern müssen. Je besser es beide schaffen, die Solo-Zeit erfüllend zu gestalten, ohne einander zu ersetzen, desto größer ist die Wahrscheinlichkeit, dass die Beziehung auf Distanz auch hält. Beim Wiedersehen haben andererseits viele Paare das Gefühl, dass sie sich auseinandergelebt haben und einander fremd geworden sind. Das ist normal und an sich noch keine Gefährdung für die Partnerschaft. Stellen Sie sich vor, dass dieser Rhythmus der Fernbeziehung durchaus etwas Berechenbares hat. Auch wenn es immer wieder mühsam ist: Die Herausforderung, besonders in einer Wochenendbeziehung, ist, dass die Partner in der gemeinsamen Zeit zueinander finden müssen bzw. sich während der Trennung nicht zu sehr voneinander entfernen. Denn bald folgt der nächste Abschied, der den beiden abverlangt, den Alltag wieder getrennt-gemeinsam meistern zu müssen. Vertiefende Ausführungen zu diesen Themen folgen in Kapitel 7.

## Es gibt typische Probleme und Klippen der Fernbeziehung

Neben dem oft sehr quälenden Abreisegefühl, vor allem am Sonntag, ist die Sehnsucht nach dem Partner/der Partnerin und nach einem gemeinsamen Alltag ein typisches Gefühl in einer Fernbeziehung. Um damit gut umgehen zu lernen, ist Vertrauen eine Grundvoraussetzung. Auf Dauer kann keine Partnerschaft die

Distanz aushalten, wenn sie durch fortwährende Eifersucht belastet wird. Das ständige Pendeln zwischen dem Alleinsein und dem gemeinsamem Alltag in den Phasen des Wiedersehens ist auf lange Sicht die herausragende Hürde. Besonders diejenigen, die ihre Fernbeziehung gewollt und freiwillig, also überwiegend aus Karrieregründen dauerhaft beibehalten, sollten sich klarmachen: Beziehung verträgt auch Abstand, aber sie lebt langfristig mehr von der Nähe als von der Distanz.

## THESE 3:
### Es gibt typische Chancen und Vorteile der Fernbeziehung

Fernbeziehungen haben durchaus auch Vorteile! Sie lassen während der entfernten Zeit Raum für eine intensive Verwirklichung, z. B. beruflich, sportlich, sozial/ehrenamtlich oder das Hobby betreffend, um nur einiges zu nennen. Dennoch können die Partner die Sicherheit einer festen Partnerschaft leben. In den Phasen des Wiedersehens sollte dann intensiv Zeit sein, die Beziehung zu pflegen. So unwahrscheinlich es vor allem für Paare klingen mag, die unter der Trennung leiden: Partnerschaft auf Distanz bietet eine große Chance für langfristig positive Beziehungsqualität. Die Partner können gemeinsam lernen, worauf es ihnen ankommt. Sie bekommen – deutlicher als „Nahbeziehungspaare" – vor Augen geführt, dass Gefühle ebenso wie Erwartungen, Befürchtungen und Ängste ausdrücklich ausgetauscht werden müssen. Das Paar kann lernen, dass die Phasen des Alleinseins auch Raum bieten können für sonst nur schwer Realisierbares. Den Partnern kann deutlich werden, worauf sie langfristig auf keinen Fall verzichten möchten, aber auch, wie sie auf Dauer nicht leben möchten. Dies am eigenen Leib zu erleben ist mühsam. Und doch stecken darin wesentliche Erkenntnisse, damit die Beziehung halten kann. Eine Fernbeziehung ist auch eine Form von Selbsterfahrung: Die Partner lernen sich selbst – mit ihren Vorstellungen und Sehnsüchten – besser kennen. In diesem Zusammenhang kann man von einem „Trainingslager für die Liebe" sprechen. Die Partner lernen jenes Umgehen miteinander, das Beziehung langfristig auch in der Nähe stabil halten kann. Von diesen Kompetenzen werden sie auch dann noch profitieren, wenn sie später einmal eine Nahbeziehung führen.

## THESE 4:
### Kinder beeinflussen und verändern die Fernbeziehung

Kinder sind eine enorme Veränderung jeder Fernbeziehung. Die Partner ihrerseits können, wie eben angedeutet wurde und im weiteren Verlauf des Buches vertiefend aufgezeigt wird, Vorteile nutzen und mit Nachteilen bis zu einem gewissen

Grad leben lernen. Kinder von Paaren in einer Fernbeziehung werden die Situation unter Umständen dagegen als sehr belastend empfinden. Sie erleben den ständigen Wechsel mit und ohne das Elternteil als erzwungen. Sowohl die betroffenen Kinder jeden Alters als auch die Eltern müssen lernen, worauf es ankommt. Erziehungsfragen treten dann für die Familie besonders hervor und die Beziehung Kind-Eltern verändert sich. Dieses wichtige Thema wird ausführlich in Kapitel 4 behandelt.

### THESE 5:
**Eine Nahbeziehung ist nicht automatisch erfüllender als eine Fernbeziehung**

Beide Beziehungsformen können nicht gegeneinander ausgespielt werden, denn beide haben Chancen und Gefahren. Es ist eine Frage, inwiefern es gelingt, die Partnerschaft erfüllend zu gestalten, Vorteile und Freiräume für sich zu nutzen und Nachteile in das Beziehungsleben zu integrieren. Hinzu kommt, dass von Berufs wegen viele Menschen keine Wahlmöglichkeit haben. Sie müssen in einer Fernbeziehung leben. Keine dieser Partnerschaften ist aber automatisch weniger stabil oder erfüllender als eine konventionelle Nahbeziehung. Eine Besonderheit sind die Auslandseinsätze mit der entsprechenden Gefährdung für Körper und Seele sowie die Belastung für das soziale Umfeld (siehe dazu Kapitel 6).

### THESE 6:
**Es gibt Rahmenbedingungen, die erlauben, von einer erfüllenden Fernbeziehung zu sprechen**

Wie Beziehung – ob in der Nähe oder auf die Ferne – erfüllend gestaltet werden muss, dafür gibt es zunächst so viele Möglichkeiten wie es Paare gibt. Dennoch stellen „vier Kompetenz-Säulen plus x" die Rahmenbedingungen dar, die darüber entscheiden, ob die Partnerschaft auf Dauer als belastend oder als erfüllend erlebt wird. Wenn eine oder mehrere dieser Säulen auf Dauer von einem Partner nicht zufriedenstellend erfahren werden, kann sicher nicht von einer erfüllenden Fernbeziehung gesprochen werden. Alle Säulen können mit – zugegeben – harter Arbeit, Kreativität und manchmal auch einfach nur durch Aushalten immer wieder neu belebt werden, auch in Krisenzeiten.

- Die erste Säule ist die Liebe und emotionale Verbundenheit der Partner. Ein Satz, der sowohl für diese als auch für die folgenden Säulen als Richtwert von Bedeutung ist, lautet: „Mir kann es nicht gut gehen, wenn ich weiß, dass es dir schlecht geht."

- Die zweite Säule ist die starke Intimität, die Geborgenheit und Solidarität, die sich das Paar schenkt und erarbeitet. Damit ist auch ein körperliches „Sich-fallenlassen-Können" gemeint. Übrigens bezieht sich das sowohl auf das Vertrauen ineinander als auch darauf, sich gegenseitig körperlich spüren zu können. Ein Gefühl, das durch die Distanz in der Fernbeziehung besonders schwer zu vermitteln ist.
- Die dritte Säule ist die erfüllende Sexualität. Auch hier bringt die Fernbeziehung eigene Schwierigkeiten mit sich. In Kombination mit den anderen drei Säulen können es aber auch Distanzpaare gut schaffen, Sexualität so zu leben, dass sie beide Partner erfüllt. Denn erfüllende Sexualität, das zeigen viele Untersuchungen, ist vor allem eine Frage der Qualität, nicht unbedingt der Häufigkeit.
- Die vierte Säule ist die mit Abstand wichtigste Dimension, von der auch alle anderen Säulen abhängen: die gelingende Kommunikation der Partner. Der Austausch von Gedanken, Gefühlen und Erlebnissen erfolgt verbal wie nonverbal in Worten, Gesten, Mimik, Schrift und Zeichen. Die gelingende Kommunikation immer neu zu beleben, neu zu erringen, ist die Basis jeder erfüllten Partnerschaft, aber eine besondere Chance für Fernbeziehungspaare.

> **Kaum etwas kann Paare so sehr zusammenschweißen wie gemeinsam bestandene schwierige Zeiten!**

Entscheidend ist es nun für die Fernbeziehung, an allen Säulen zu arbeiten und im starken Wechsel von Nähe und Distanz ein gemeinsames, gutes Maß aufzubauen. Dabei gilt es, sich vor allem auch in die Lage des Anderen zu versetzen. Für ein Fernbeziehungs-Paar ist aber noch ein weiterer Aspekt sehr wichtig, der Druck und überzogene Erwartungen relativieren kann und damit auch ein wenig befreit: Ein Vorrat an positiven gemeinsamen Gefühlen gemäß dieser vier Säulen kann und muss vor dem Abschied definitiv nicht angelegt werden. Ebenso müssen nach dem Wiedersehen keine Defizite aufgeholt werden. Vielmehr ist jeder Abschied und jedes Wiedersehen ein Neubeginn. Zum Schluss noch eine Erklärung zu dem „x", das zu diesen vier Säulen dazukommen muss: Je größer die grundsätzliche Versöhnungsbereitschaft der Partner ist und das Paar es lernt, miteinander Probleme zu lösen, desto besser werden auf Dauer die zentralen Säulen belebt. So kann von einer erfüllenden Fernbeziehung gesprochen werden.

## Distanzbeziehungen von Soldaten haben typische Besonderheiten

Einerseits sind viele Bedingungen für Soldatenfamilien sehr ähnlich wie die Anforderungen im Managerberuf, im Politikerberuf, als Montagearbeiter, für See- und Fernfahrer oder Flugzeugpersonal: Sie alle müssen von Berufs wegen stets mobil bleiben. Andererseits sind die Belastungen für Soldaten und deren Angehörige nochmals zugespitzt. Eine besondere Rolle spielen dabei die Ängste und die Gefährdung von Leib und Psyche der Soldaten im Einsatz sowie die Ängste vor extremen Veränderungen des Partners/der Partnerin und der Kinder zuhause. Der Soldatenberuf lässt kaum zu, die Fernbeziehung zu vermeiden. Viele Soldaten – und damit indirekt auch ihre Angehörigen – sind, um das Fachwort zu gebrauchen, „multimobil" oder, etwas unfreundlicher ausgedrückt, „zwangsmobil". Daher ist der Alltag für diese Paare in Sachen Distanzbeziehung im Vergleich zu anderen Fernbeziehungspaaren noch stärker belastet. Große Selbständigkeit und zugleich das Ringen um Nähe – trotz der Entfernung – sind schwierige Aufgaben für die Partner. Diese Fernbeziehungen unter verschärften Bedingungen zeigen, dass es ständiger Mühe und des Ringens um die Beziehung bedarf. Ein Selbstläufer sind diese Partnerschaften sicher nicht. Und doch zeigen meine Seminare: Erfüllende Beziehung muss keine Frage der Entfernung sein.

Von den Erfahrungen dieser Paare kann eine sehr wichtige Erkenntnis abgeleitet werden: wie wichtig es ist, den Partner/die Partnerin im Vorfeld eines Einsatzes nicht zu verschonen. Teilen Sie bewusst den entfernten Alltag, aber auch Leid und Freud. Das schweißt Sie als Team, als Paar und Familie zusammen. Denn eines zählt für alle Fernbeziehungen: Hoffnungen und Freuden, Enttäuschungen, Befürchtungen, aber ganz besonders auch die Ängste mit dem Partner/der Partnerin auszutauschen ist niemals Schwäche – sondern eine Chance für die Beziehung.

Im Zusammenhang mit dem intensiven Austausch der Partner muss noch das wichtige Thema Schweigepflicht angesprochen werden: Diese kann die Situation insbesondere nach dem Einsatz erschweren. Das betrifft nicht nur Soldaten in Spezialkräften oder in Sondereinsätzen und ihre Angehörigen. Für die Partner ist es dann umso wichtiger, diese Voraussetzung möglichst noch vor dem Einsatz zu klären sowie die gegenseitigen Erwartungen und Bedürfnisse auszutauschen, damit die Beziehung durch diese Einschränkung nicht noch zusätzlich belastet wird. Die folgenden Kapitel, insbesondere die Kapitel 5 bis 8, bieten dafür weitere Orientierungen und Hilfestellungen.

## Es gibt typische Ängste von Soldaten und deren Angehörigen im Kontext von Auslandseinsätzen

Es gibt typische Ängste von Soldaten und deren Angehörigen, jedoch werden die unterschiedlichen Einsätze jeweils sehr individuell bewertet. Besonders das Einsatzland sowie die Art der Tätigkeit dort ist entscheidend dafür, wie gefährlich die Situation eingeschätzt wird. Da Ängste auch stark von der individuellen Situation in Partnerschaft und Familie abhängen, können diese im einen Fall vor einem vermeintlich weniger gefährlichen Einsatz unter Umständen größer sein als bei einer riskanteren Aufgabe in einem anderen Fall. Eine ausführliche Beschäftigung mit Ängsten, ihren Auswirkungen und dem bestmöglichen Umgang mit ihnen folgt in den Kapiteln 5 und 6.

Die Erkenntnisse aus diesen acht grundsätzlichen Thesen gilt es für eine erfüllende Distanzbeziehung „mit Leben zu füllen". Dass dies für Ihre Partnerschaft gelingt, dafür können die folgenden Spielregeln eine Unterstützung sein.

# 3. ZEHN ZENTRALE SPIELREGELN: FIT FÜR AUSLANDSEINSATZ UND WOCHENENDBEZIEHUNG IM KONTEXT BUNDESWEHR

Dieses Kapitel bietet eine Zusammenfassung, worauf es wesentlich ankommt, damit eine Partnerschaft auf Distanz – bei aller Anstrengung – erfüllend sein kann. Auf Basis der vorangehenden acht Thesen werden Ihnen zehn zentrale Spielregeln für eine gelingende Fernbeziehung vorgestellt. Eine konzentrierte Zusammenfassung dieser Regeln steht nochmals in einer Übersichtsseite am Ende dieses Buches. Sie kann herausgetrennt und z. B. in der Wohnung an einer für Sie gut sichtbaren Stelle als Erinnerung platziert werden.

## REGEL 1:
### Tauschen Sie sich aus und lernen Sie gemeinsam Probleme zu lösen

Teilen Sie Ihrem Partner/Ihrer Partnerin Gedanken, Erlebnisse, Gefühle, Erwartungen und Befürchtungen mit – selbst wenn es Überwindung kostet. Von zentraler Bedeutung sind dabei die Ängste im Umfeld der Auslandseinsätze. Wichtig ist, dass der Austausch sowohl während der entfernten als auch während der nahen Phasen geschieht. Nur so können Sie und der Partner/die Partnerin wissen, wer beim Wiedersehen vor dem Anderen steht und was in ihm/ihr vor sich geht. Telefon, E-Mail, SMS: alles zu seiner Zeit. Am wichtigsten bleibt dabei das Gespräch von „Angesicht zu Angesicht", vor dem Abschied und nach der Rückkehr. Daher bedarf es immer wieder „Zeitinseln", damit ausreichend Zeit und Raum für das Gespräch bleibt. Für die entfernten Zeiten gilt: Einen ganz besonderen Zauber hat auch alles Handgeschriebene wie Briefe, Karten, kleine Botschaften …

## REGEL 2:
### Schaffen Sie ein Wir-Gefühl und pflegen Sie Rituale

Rituale schweißen zusammen, sie stärken das Wir-Gefühl und lassen Sie manche Durststrecke der Distanz besser überstehen. So ermöglicht z. B. eine festgelegte tägliche Telefonzeit oder ein verlässlicher Abendgruß Raum für das wichtige „Wir-Gefühl". Ein regelmäßiger, gemeinsamer Spaziergang kann bei jedem Wiedersehen das langsame Ankommen und „Aneinander-Gewöhnen" unterstützen.

Auch das Aufsuchen von vertrauten Orten kann das Gefühl von Nähe erleichtern. Wenn Ihnen der Abschied besonders schwer fällt, vermeiden Sie lange Abschieds-Zeremonien und kultivieren Sie Ihre eigene Art der Verabschiedung, die Ihrer Partnerschaft guttut.

### REGEL 3:
### Planen Sie Zeitinseln ein für Spontaneität und Nichtstun

Überfrachten Sie die gemeinsame Zeit, besonders zu Beginn des Wiedersehens, nicht mit zu vielen Erwartungen und Plänen. Es muss nicht immer ein Feuerwerk an Aktivitäten in den gemeinsamen Phasen ablaufen. Und: Vergessen Sie nicht, dass auch in der kostbaren Zeit, die Sie zusammen verbringen, durchaus Gelegenheit sein sollte, um alleine zu sein, sich zu erholen oder andere Freunde zu sehen. Stimmen Sie sich hierüber klar ab, sonst besteht die Gefahr, dass alle Aktivitäten alleine oder mit Anderen vom Partner/der Partnerin als Konkurrenz empfunden werden.

### REGEL 4:
### Zeigen Sie einander, dass Sie auch in getrennten Phasen „ein Team" sind

Sie gehören sowohl in der gemeinsamen als auch in der getrennten Zeit zusammen. Zeigen Sie das Ihrem Partner/Ihrer Partnerin mit kleinen Zeichen. Sie können etwa kleine Botschaften hinterlassen, die er/sie erst nach der Abfahrt, vielleicht sogar erst Tage später entdecken wird. Auch eine kurze Postkarte am Mittwoch mit der Botschaft „Ich freu mich auf Dich" wirkt manchmal kleine Wunder – und wiegt übrigens mehr als viele SMS. Denken Sie aber daran: Die Distanz muss nicht Ihr Gegner sein. Sie ist auch eine Chance, denn ohne gesunden Abstand kann es keine gesunde Nähe geben!

Eine Orientierung bietet ein Sprichwort, das auch auf die Fernbeziehung übertragen werden kann:

**Distanz ist für jede Partnerschaft wie Wind für die Segel: Das rechte Maß bringt voran, zu wenig bedeutet Stillstand, zu viel bricht den Mast.**

## Keine Angst vor Spannungen beim Wiedersehen und Abschied

Streit ist völlig normal, wenn er nicht verletzend geführt wird. Die zwei Lebenswelten der Fernbeziehung müssen erst stets neu zusammen und wieder auseinander wachsen. Wenn also oft oder gar ständig am Wiedersehenstag gestritten wird oder stets am Abreisetag „dicke Luft" herrscht, ist das kein Zeichen dafür, dass Sie sich auseinandergelebt haben. Vielmehr müssen die beiden Lebenswelten, die während der Woche so unterschiedlich sind, zueinander – und bei der Abreise auch wieder ein wenig auseinander finden. Grundsätzlich ist Streit Kommunikation und kann so eine wichtige Form des Umeinander-Ringens sein. Achten Sie jedoch darauf, dass Sie nicht verletzend sind und dass Sie dabei dem Anderen stets den nötigen Respekt entgegenbringen. Versetzen Sie sich auch in die Lage des Anderen.

> **Übrigens:** Denken Sie daran, dass auch Nahbeziehungspaare streiten. Nur vielleicht nicht an so absehbaren Tagen. Aber auch darin könnte eine ganz eigene Chance stecken, wenn die Partner wissen, dass beispielsweise der Wiedersehenstag Spannungen bringen kann.

## Achten Sie auf sich selbst und schaffen Sie sich einen erfüllenden Alltag alleine

Es geht nicht darum, den Partner/die Partnerin zu ersetzen. Im Gegenteil: Nur wer sich selbst pflegt und sich selbst verwöhnt, sowohl in den getrennten als auch in den gemeinsamen Zeiten, kann auch die Partnerschaft pflegen. Alleinsein kann sehr wehtun. Und besonders der Umgang mit der Sehnsucht und der Eifersucht ist eine zentrale Herausforderung. Aber Selbständigkeit und Selbstpflege sind für jede Partnerschaft unerlässlich, damit die Beziehung nicht einseitig wird. Deshalb: Verwöhnen Sie sich. Wer nicht lernt, auch für sich alleine zu genießen, wird irgendwann ungenießbar. Ganz entscheidend ist für Fernbeziehungspaare, auch andere Freundschaften zu pflegen.

Soll die Fernbeziehung langfristig gelingen, ist es zentral, sich in den Zeiten der Entfernung familiär, beruflich, sozial, freundschaftlich oder auch ehrenamtlich einen erfüllenden Alltag aufzubauen – und darin intensiv zu investieren. Das heißt nicht, dass der Partner/die Partnerin austauschbar, unwichtiger oder gar ersetzbar werden soll. Bedenkenswert jedoch ist: Wer die ganze Woche oder gar Monate wartet, bis der Partner/die Partnerin wieder nach Hause kommt und sich erst dann wieder „komplett" fühlt, wird auf Dauer erschöpft sein und nicht die Kraft haben für eine Beziehung auf Distanz.

## REGEL 7:
### Sehen Sie das Außergewöhnliche und Positive der Fernbeziehung und nutzen Sie die besonderen Möglichkeiten

Fernbeziehungen lassen Raum für Aktivitäten, für die in der Nahbeziehung kaum Raum wäre. Schreiben Sie sich z. B. auf, was Sie in den Zwischenzeiten bis zum Wiedersehen ganz speziell verwirklichen können und wollen. Zu nennen sind hier Freiräume und Projekte wie z. B. persönliche Weiterbildungen und Hobbys, soziale und sportliche Aktivitäten oder die berufliche Verwirklichung, die ansonsten so vielleicht nicht möglich wären. Auch können diese besonderen Aktivitäten wieder neuen „Stoff" für intensive Gespräche und Bereicherungen mit dem Partner/der Partnerin geben. In den späteren Übungen der Kapitel 7 und 8 erhalten Sie dafür noch weitere Anregungen.

## REGEL 8:
### „Verschonen" Sie Ihren Partner/Ihre Partnerin nicht vor Ängsten und Bedenken

Beachten Sie: Ängste und schwierige Themen, die verschwiegen werden, belasten langfristig eine Beziehung fast immer. Teilen die Partner dagegen Ängste und schwierige Themen miteinander, können sie sich zum „gemeinsamen Geheimnis" entwickeln. Diese bereichern die Partnerschaft – zumindest, wenn sie in entspanntem Rahmen angesprochen werden. Weder Konflikte, Befürchtungen oder Ängste und schon gar nicht Unerfreuliches sollte verschwiegen werden. Denn auf Dauer entfremdet das Unausgesprochene die Partner. Aber auch vermeintlich Unwichtig-Alltägliches sollte nicht ausgespart bleiben. Denn es erleichtert das Zueinanderfinden beim Wiedersehen: Wie sonst sollte der Partner/die Partnerin wissen, was den Menschen, den man endlich wieder in die Arme schließen kann, in der vergangenen Zeit beschäftigt hat?

## REGEL 9:
### Vertrauen und Ehrlichkeit sind unerlässlich

Grundvertrauen und Ehrlichkeit sind unverzichtbare Grundlagen der Fernbeziehung. Ein Übermaß an Eifersucht ist eher ein Zeichen für mehr Selbstliebe und Unsicherheit als für echte Liebe. Voraussetzung für ein Vertrauensverhältnis ist aber, den Partner/die Partnerin spüren zu lassen, dass auf Sie Verlass ist.

### Fernbeziehungspaare brauchen mittelfristig gemeinsame Zukunftsperspektiven

Tauschen Sie sich immer wieder neu aus über Ihre Zukunftsvorstellungen, Sehnsüchte, Hoffnungen und Träume. Und entwickeln Sie auch immer wieder neu gemeinsame Visionen. Diese Zukunftsperspektiven geben den Partnern in einer Distanzbeziehung Halt. Die Perspektiven können auch angepasst oder verändert werden. Wichtig aber ist es, dass sie thematisiert werden. Gemeinsam Perspektiven zu entwickeln verhindert schmerzliche Missverständnisse und sie tragen entscheidend dazu bei, dass die Partnerschaft auf Distanz auch Krisen übersteht. Diese Perspektiven sollten vor allem mittelfristig sein. Denn im Gegensatz dazu sind langfristige Perspektiven zwar auch grundsätzlich wichtig, tragen aber weniger durch aktuelle Krisen. Kurzfristige Perspektiven dagegen verlebendigen den momentanen Alltag. „Kurzfristig" bezieht sich z. B. „nur" auf das nächste Wiedersehen. „Langfristig" meint z. B. den Zeitpunkt, an dem aus der Partnerschaft eventuell eine Nahbeziehung werden kann. Diese zwei Perspektiven sind unentbehrlich. „Mittelfristig" aber ist genau der Anker dazwischen: Er bedeutet das Durchbrechen des gewohnten „Hamsterrads", etwa der Wochenendbeziehung, in der das Leben von Montag bis Donnerstag getrennt stattfindet und Freitag bis Sonntag gemeinsames Wochenende ist. Ein Beispiel für eine mittelfristige Perspektive könnte der bevorstehende Urlaub, ein gemeinsames Projekt oder ein verlängertes Wochenende ca. alle sechs Wochen sein (vgl. dazu die Merksätze in Kapitel 8.1). Darüber hinaus: Denken Sie gemeinsam nach, wie Sie sich Ihre Beziehung in einem Jahr, aber auch in fünf Jahren und später vorstellen können.

### Zusammenfassung

„Fernbeziehung in der Bundeswehr", unabhängig davon, ob es sich um einen Auslandseinsatz oder eine Wochenendpartnerschaft handelt, bedeutet, dass es nie einfach nur ein Wiedersehen, sondern immer einen Neubeginn geben wird. Das klingt mühsam. Aber gerade darin steckt die große Chance: immer wieder neu miteinander anfangen zu können.

Denken Sie daran, dass auch Nahbeziehungspaare einander fremd werden und sich auseinanderleben können. Entscheidend ist, sich in die Lage des Partners/der Partnerin zu versetzen, um ihn/sie besser verstehen zu können. Und entscheidend ist ebenso, die Partnerschaft immer wieder neu zu beleben und zu entdecken. Dann ist vieles möglich. Um an diesen zentralen Spielregeln der Fernbeziehung zu wachsen und voranzukommen, bieten die folgenden Kapitel, vor allem die Trainingslisten, wertvolle Unterstützung. Bedenken Sie besonders in Zeiten, in denen Sie mit Ihrer Partnerschaft unzufrieden sind: Sie können NIEMALS Ihren Partner/Ihre Partnerin ändern! Ändern können Sie nur etwas an sich selbst, nämlich Ihr eigenes Verhalten. Wenn Sie aber Ihr Verhalten ändern, ermöglicht es Veränderungen beim Partner/der Partnerin. So kann sich auch die Qualität der Partnerschaft neu entwickeln.

Und noch eine besondere Idee: Was würden Sie am meisten genießen, wenn Sie eine „ganz normale" Nahbeziehung führen würden? Machen Sie sich eine Liste mit Aktivitäten, die sie gerne mit Ihrem Partner/Ihrer Partnerin mehr oder öfter erleben möchten. Drücken Sie Ihre Sehnsucht ruhig einmal aus. Bewahren Sie diese Liste auf – oder lassen Sie sie sich gegenseitig zukommen. Sie kann Ihnen ein wertvoller Ideenschatz werden für die gemeinsamen Zeiten – aber auch besonders für spätere Phasen der Beziehung, wenn Sie sich vielleicht sogar nach mehr Distanz sehnen. Es wäre ja möglich, dass eine solche Phase einmal kommt – so unmöglich das jetzt für Sie klingen mag.

# 4. ORIENTIERUNGEN ZUM VERHÄLTNIS ZWISCHEN ELTERN UND KIND SOWIE BEI ERZIEHUNGSFRAGEN

Insbesondere bei Auslandseinsätzen reagieren Kinder in der Familie je nach Persönlichkeit und nach Situation unterschiedlich auf eine bevorstehende Trennung. Erziehungsfragen und die Bindung der beiden Eltern zu den Kindern spielen dann eine besondere Rolle. Zu diesen Themen gibt es im Rahmen der Zusammenarbeit des Zentralinstituts für Ehe und Familie in der Gesellschaft (ZFG) der Katholischen Universität Eichstätt-Ingolstadt mit der Katholischen Militärseelsorge eine sehr empfehlenswerte Broschüre mit dem Titel: „Wir schaffen das! Eine Hilfestellung für Eltern, die mit ihren Kindern die Zeiten berufsbedingter Trennung meistern wollen" von J. Mödl. Diese erhalten Sie u. a. über die Militärseelsorger an den Standorten (siehe Literaturliste). Wichtige Einblicke zu diesem Thema, die sich auch stark an dieser Broschüre orientieren, werden in diesem Kapitel gegeben. Darüber hinaus läuft am ZFG seit 2010 ein Forschungsprojekt, das besonders Ängste von Kindern und Eltern bzw. Erziehungsfragen im Kontext von Auslandseinsätzen erforscht. Dazu folgen in Kapitel 5 noch weitere Informationen.

# 4.1 Die Situation von Kindern in Fernbeziehungen

**WIE ERLEBEN KINDER** die Fernbeziehung ihrer Eltern und wie wirkt sich die Abwesenheit eines Elternteils auf die Kinder, aber auch auf das Verhältnis der Eltern zu ihren Kindern aus? Hier spielen die jeweiligen Rahmenbedingungen, z. B. die Familiensituation, das Verhältnis zu den Geschwistern, aber auch die Schul- oder Freizeitsituation, eine Rolle. Besonders das Alter der Kinder ist ausschlaggebend für den Umgang mit der Abwesenheit eines Elternteils bzw. für die Vorbereitung auf die räumliche Trennung. Wichtig ist auch, ob es sich beim Kind um ein Mädchen oder einen Jungen handelt, da diese, je nach Alter, verschieden reagieren.

Die Broschüre unterscheidet nach den Altersphasen Säuglinge und Kleinkinder, Kindergartenkinder, Schulkinder sowie Jugendliche und Pubertierende. Bei chronisch kranken Kindern ist darüber hinaus z. B. zu bedenken, dass bei ihnen unter Umständen Krankheitsschübe durch die Trennungsphasen und die damit verbundenen Belastungen für den „bleibenden" Elternteil möglich sind.

**Säuglinge und Kleinkinder:** Sie befinden sich in einer wichtigen emotionalen Entwicklungsphase. Aus diesem Grund sind für diese Kinder Maßnahmen zur Vorbereitung besonders hilfreich, die die Gefühle und die Sinne der Kinder ansprechen. Sie spüren deutlich, dass etwas im steten Wechsel der Wochenendbeziehung oder der Vorbereitung auf den längeren Auslandseinsatz „mit den Eltern geschieht". Diese Kinder bringen auf ihre Weise ihr Unbehagen zum Ausdruck. Geschichten und Märchen bieten (für Kleinkinder und die beiden folgenden Altersstufen) eine gute Möglichkeit, schwierige Themen wie Ängste in Bezug auf den Einsatz zu thematisieren.

**Krippen- und Kindergartenkinder** (ca. zwei bis sechs Jahre): Sie realisieren die Aufregungen und Veränderungen, wenn ein Elternteil zu einem größeren, unbekannten Projekt aufbricht. Aus dieser Ungewissheit kann Angst resultieren. Kinder fragen dann besonders oft und viel, vor allem auf den Einsatz bezogen. Sie realisieren den Unterschied zum gewohnten Ablauf und artikulieren dies auf ihre individuelle Weise. Kindergartenkinder erleben häufig in dieser Zeit ihre „Trotzphase". Sie reagieren beleidigt und verletzt auf die Abwesenheit und lassen dies den Entfernten, gerade auch bei der Rückkehr, spüren. In ihrem Verhalten kann Ohnmacht und Wut über die unliebsame, belastende Situation zum Ausdruck kommen.

**(Grund-)Schulkinder** (ca. sechs bis elf Jahre): Hier werden Reaktionen oft weniger am Verhalten daheim sichtbar. Dies kann daran liegen, dass diese Kinder ohnehin viel Zeit außer Haus verbringen. Die Veränderungen zeigen sich häufig in der Schule. Leistungseinbrüche können eine typische Folge sein. Die Kinder wollen besonders selbständig sein und zu Hause nicht noch zusätzlich das verbliebene Elternteil belasten oder sind genervt und suchen bereits Abstand. Darüber hinaus zeigen sie ihre emotionale Betroffenheit oft nicht so offen wie jüngere Kinder.

**Jugendliche und Pubertierende:** Gerade älteren Kindern muten die Eltern häufig mehr zu, als gut für sie ist. Einerseits reift durch die Situation das Verantwortungsbewusstsein des Kindes. Andererseits übersteigt die Situation oft die Bewältigungskapazitäten. Es kann zu starken (zusätzlichen) Auseinandersetzungen mit den Eltern kommen. Themen, die dann relevant werden können, sind z. B. der vorübergehende „Vater- oder Mutterverlust". Dieser kann von Kindern als Gefahr wahrgenommen werden. Allerdings scheint er zugleich für das Kind meist unausweichlich, da er zum Beruf des Vaters/der Mutter dazugehört. Das lindert aber die Not nicht, sondern erzeugt bei fehlender Unterstützung Frustration. Ängste werden vom Kind meist nicht artikuliert oder das Kind kann sie nicht ausdrücken. Es besteht die Gefahr, das Kind zu überfordern, indem ein überwiegend „vernünftiger" Umgang eingefordert wird. Mitunter werden die gemeinsamen Erziehungsaufgaben erschwert, weil entweder der entfernte oder der daheimgebliebene Elternteil mehr als der andere als Autorität akzeptiert wird. Die Reaktionen der Kinder sind zeitweise vergleichbar mit den Verhaltensmustern von Scheidungskindern und Halbwaisen. Die Verhaltensweisen treten dann aber vergleichsweise schwächer und kürzer auf. Diese können z. B. sein:

- Veränderung im Schlaf-Wachrhythmus
- Krankheitsschübe
- Leistungsabfall in der Schule
- stärkere Neigung zu Gewalt, Gefühlsschwankungen, Aggression, starker Traurigkeit, Depression

Wie nun können Eltern ihren Kindern helfen? Dass jedes Kind eine andere Unterstützung braucht, klingt in diesem Zusammenhang vielleicht wie eine Binsenweisheit. Doch wenn sich jedes Kind individuell vorbereitet, begleitet und behandelt fühlt, entsteht ein Rahmen, in dem eigene Angst oder Not leichter mitgeteilt werden können. Darüber hinaus können altersbezogene und altersunabhängige Tipps unterschieden werden:

**TIPPS**

**Vor der Trennung:**
Wichtig ist eine altersgerechte Vorbereitung der Kinder. So kann beispielsweise von den „weggehenden" Partnern für Termine wie Geburtstage, persönliche Feiern oder Weihnachten vorgeplant werden. Die Kinder realisieren dadurch, dass einerseits der Elternteil nicht anwesend ist, dass die Verbindung und die Wichtigkeit des Kindes davon aber völlig unberührt bleiben.

**Während der Trennung:**

Für die „weggehender" Partner gilt es, zuverlässig den Kontakt zu jedem Kind zu pflegen! Daher sollten individuelle Lösungen für jedes Kind entwickelt werden. So könnte z. B. jedem Kind ein ganz eigener Wochentag für ein „exklusives" Gespräch mit Papa bzw. Mama vorbehalten sein. Auch eigene E-Mail-Adressen oder eigene Briefe für jedes Kind stellen eine sehr zu empfehlende, individuelle Verbindung her.

**Weitere Orientierungen für eine gute Überbrückung der Wartezeit für Kinder:**

Dank des „Adventskalender-Effekts" können sich jüngere Kinder, die noch keine konkreten Zeitvorstellungen haben („Mama, wie lange sind vier Monate?"), die Spanne bis zur Wiederkehr veranschaulichen. Dafür sind der Kreativität keine Grenzen gesetzt. Oft ist es hilfreich, zusammen mit dem Kind eine Idee zu entwickeln. Eine Möglichkeit könnte ein Glas mit „Kleinigkeiten", Bonbons oder kleinen Nachrichten sein, sozusagen für jeden Tag der Abwesenheit eine symbolische oder tröstende Einheit. So wird die näher rückende Wiederkehr bereits im Vorfeld sichtbar. Ein gewisser Zauber liegt auch darin, an „Mitbringsel" zu denken. Diese sollten schon im Vorfeld abgesprochen und angekündigt werden. Für das Kind werden ein spezieller Einsatz und die Erwartung der Rückkehr zusätzlich mit positiven Emotionen besetzt. Für Kleinkinder kann so auch eine Erinnerung an die unterschiedlichen Einsätze rückblickend erleichtert werden. Dies ist insbesondere für die Vorbereitung weiterer Einsätze von Bedeutung. Kinder von Soldaten berichten in den Seminaren immer wieder, dass sie in der Erinnerung bestimmte Einsätze und Trennungserfahrungen mit ganz konkreten „Mitbringseln" verbinden. Gerade für jüngere Kinder kann dieses Verfahren auch einen Beitrag zur positiven Einschätzung der Einsätze des Vaters/der Mutter leisten.

Der daheimbleibende Partner/die Partnerin sollte vertraute Abläufe so gut wie möglich beibehalten. Sehr wichtig ist es, den Platz des entfernten Partners/der Partnerin „frei" zu halten. Die abwesenden Partner können bildlich präsent gehalten werden. Das kann auf vielerlei Weise geschehen. In den USA wurde z. B. die Initiative des „Flat Daddy" bekannt. Dabei wird ein lebensgroßes Bild des Soldaten/der Soldatin in der Wohnung aufgestellt, um ihn/sie bildlich präsent zu halten. Ähnlich ist das Projekt „Knuddy", das mit Kissen arbeitet, auf denen das Foto des Soldaten/der Soldatin abgedruckt ist. Über den Sinngehalt dieser Aktion kann diskutiert werden. Symbolisch jedoch wird damit für Kinder ein sehr wichtiger Effekt erzielt: Papa/Mama ist auch in der Abwesenheit in der Familie sichtbar. Es wird klar, dass er/sie auch weiter dazugehört. Für Kleinkinder kann dann bei der Rückkehr unter Umständen ein Problem, z. B. durch äußerliche Veränderungen des Elternteils, entstehen. Dem kann jedoch durch die (auch bildliche) Vorbereitung des Wiedersehens vorgebeugt werden.

Für den daheimbleibenden Partner/die Partnerin gilt: Sie sind kein „gebundenes, alleinerziehendes Elternteil". In wichtigen Fragen und Entscheidungen kann der Abwesende bewusst weiter mit einbezogen werden. So bleibt seine Bedeutung auch in den Phasen des Getrenntseins gegenwärtig. Andererseits kann dies nicht in allen Alltäglichkeiten geschehen. Nicht zuletzt deshalb gilt für die Partner daheim umso mehr: auch an sich selber denken!

**TIPP**

Nach dem Wiedersehen: Nun gilt es das Miteinander wieder langsam zu lernen und zu pflegen. Bedenken Sie, dass Neu-Bewährtes beibehalten werden kann, das sich in der Zeit des voneinander Entferntseins ergeben hat. Allerdings sollten Veränderungen besprochen und diskutiert werden – im Bewusstsein, dass die Phase des Zusammenfindens von allen Seiten Kompromisse und Geduld fordert. Die Familie, aber auch die gemeinsame Erziehung, müssen wieder neu den Veränderungen angepasst werden. Möglicherweise passen zuvor „allgemeingültige" Regeln und Umgangsformen nach dem Einsatz nicht mehr. Gerade Kinder, die unter der Trennung gelitten haben, werden wieder Zeit benötigen, sich an die Rückkehr des Elternteils zu gewöhnen. Dies bedeutet keine Verringerung der Verbundenheit oder gar der Liebe. Aber es kann zeigen, dass Kinder nicht einfach „den Hebel zwischen Nähe und Distanz" umlegen können. Dies hängt wiederum stark vom Erleben der getrennten Zeit ab.

Über diese allgemeinen Ratschläge hinaus lässt sich für die verschiedenen Altersgruppen festhalten:

**Säuglinge/Kleinkinder:** Da die Trennungserfahrung von den Kindern überwiegend gefühlsmäßig erlebt und verarbeitet wird, gilt es entsprechend emotionale

Antworten und Rituale zu finden und gemeinsam zu entwickeln. So kann etwa über ein vom abreisenden Partner/von der Partnerin getragener Pulli, ein Tuch oder ein ähnliches Kleidungsstück eine emotionale und sinnlich wahrnehmbare Verbindung (z. B. auch über den Geruch des Vaters, der Mutter) beibehalten werden. Dieses Symbol wird für das Kind in der Bedeutung meist enorm steigen. Es kann im Verlauf der Trennung zum Inbegriff des Zusammenhalts werden.

**Kindergartenkinder:** Sie empfinden gerade beim Auslandseinsatz oft Ängste als Folge der Trennungserfahrung. Da sie ihre Welt einerseits noch sehr gefühlsmäßig, aber andererseits bereits mit dem Verstand wahrnehmen, sollten die Eltern auch diese beiden Bereiche in der Vorbereitung und der Zeit der Entfernung „bedienen", etwa mittels zweier kleiner Stofftiere: Eines erhält das Kind, das andere der entfernte Elternteil. So entsteht eine eigene Verbindung. Hinzukommen sollten aber auch unbedingt vernünftige Erklärungen, warum die Trennung vorübergehend stattfinden muss. Gerade in Kombination mit einem „Mitbringsel" entsteht ein Symbol, das sowohl die Fernbeziehung als auch die Überbrückung fühl- und ertragbar machen kann.

**Schulkinder und Pubertierende:** Sie benötigen vor allem rationale Antworten. Der Verstand muss also intensiv mit angesprochen werden – natürlich ohne dabei die Emotionen zu vergessen. Stellen Sie zudem klar, dass sie mit jedem Kind persönlich in Verbindung treten. Meist kann das Kind selbst bereits im Vorfeld eines Auslandseinsatzes mitteilen, wie es sich einen Kontakt wünscht und vorstellt. Ein Brief an das Kind, am besten schon vor der Abreise, stellt die Bedeutung und Verbindung vor Augen und kann zur Klärung von offenen Fragen beitragen.

Übergreifend also gilt es, je nach Alter vor- und nachzubereiten. Wichtig ist, die Kinder nicht zu überfordern, etwa durch Sätze wie: „Nun bist du der Mann/die Frau im Haus". Sie sollten aber auch nicht unterfordert werden. So besteht ebenso eine große Gefahr darin, wenn z. B. das Kind dauerhaft während der Trennung im Bett des entfernten Elternteils schlafen darf. Wird dies für längere Zeit oder gar während der gesamten Abwesenheit des Partners/der Partnerin erlaubt, entsteht oft ein Problem: Diese größeren Rechte und Freiheiten könnten bei der späteren Rückkehr des Elternteils zur Zurückstufung des Kindes führen, wenn es wieder in das eigene Kinderzimmer zurück muss. Daraus resultieren nicht selten schmerzende Reaktionen wie „Als du nicht da warst, war es schöner!".

**Wichtige Merksätze für Eltern:**

- Sie sind nicht alleinerziehend! Der Partner/die Partnerin kann trotz der Entfernung in wichtige Entscheidungen einbezogen werden. Bisweilen genügt es auch, dem Kind klarzumachen, dass eine Entscheidung von beiden Eltern getragen wird.
- Gerade Heimkehrenden muss klar sein, dass sich das Leben des Kindes zuhause weiterentwickelt hat. Auch wird eine Zeit der Wiedergewöhnung notwendig sein. Es kann also nicht davon ausgegangen werden, dass wie selbstverständlich der „gewohnte Elternplatz" eingenommen werden kann.
- Es ist hilfreich, gemeinsam mit den Kindern die Phasen der Fernbeziehung als positives und vor allem gemeinsames Familienprojekt zu gestalten.
- Vermeiden Sie den Eindruck, dass das Kind den entfernten Elternteil ersetzen müsste oder könnte. Sätze wie „jetzt unterstützt du ganz fest die Mama/den Papa, wenn ich nicht da bin" oder „ich bin ganz stolz auf dich, weil du so tapfer bist und nicht weinst", sind gut gemeint, führen aber meist zu einer unguten und langfristigen Überforderung des Kindes.
- Zeitlos wichtig ist: Konflikte und Streit der Eltern immer ohne die Kinder klären. Dies gilt insbesondere im Vorfeld der Einsätze und bei der Rückkehr.

# 4.2 Der daheimbleibende und der „entfernte" Elternteil

**FÜR DEN PARTNER/DIE PARTNERIN** daheim gilt es einerseits den Platz des Anderen freizuhalten (sinnlich und bildlich) und dabei die, für die Kinder vertrauten Abläufe so gut wie möglich beizubehalten. Andererseits ist wichtig: Gestalten Sie den Alltag so, dass es für Sie am wenigsten belastend ist. Sie müssen sich nicht für die Familie „aufopfern". Denn davon würde langfristig niemand in der Familie profitieren. Für die „entfernten" Partner ist es wichtig, Rituale des Abschieds, des Austauschs während der Trennung sowie für die Wiederkehr für jedes Kind einzeln zu entwickeln. Zudem empfiehlt es sich, den „Pingpong-Effekt" zu beachten: dabei sollten sowohl das Kind als auch der entfernte Partner/die Partnerin abwechselnd aktiv werden, um die Verbindung zu herzustellen. So entsteht für das Kind die Sicherheit, dass z. B. der eigene Brief in absehbarer Zeit verlässlich eine Gegenantwort „sichert". Eine weitere Chance sind etwa feste Tage, an denen geantwortet wird. So kann jedes Kind einen eigenen Tag erhalten, an dem es eine Nachricht oder den Anruf von Mama oder Papa erwarten kann. Ganz wichtig: Denken Sie daran, dass nicht nur die Häufigkeit zählt, d. h. wie oft Sie sich sehen oder voneinander hören. Vielmehr ist die Verlässlichkeit bedeutsam und das „Wirklich-bei-der-Sache-Sein", denn das wird von Kindern klar registriert.

Ein weiteres, zunehmend bedeutsames Thema sind Ängste von Kindern um die Eltern. Zum einen ist dies bedingt durch die Gefahren des Einsatzes selbst, aber zum anderen auch durch die Fernbeziehung in der Zeit der Auslandseinsätze. Allgemeine Informationen zu den Ängsten rund um den Einsatz folgen im nächsten Kapitel. Sie sollen helfen, auch Ängste von Kindern besser zu verstehen und zu begleiten.

# 5. BELASTENDE ÄNGSTE IN BEZUG AUF AUSLANDSEINSÄTZE

Als Einstieg in den wichtigen Bereich der Ängste von Soldaten und ihrer Angehörigen, die rund um die Einsätze auftreten, werden Sie drei Briefe an die Thematik heranführen und direkt aus dem Leben vor einem Auslandseinsatz erzählen: zwei Briefe einer Soldatengattin sowie die Antwort ihres Partners. Diese drücken auf persönliche Weise viele Gefühle und Aspekte aus, die dieses Kapitel behandelt und die es zu vertiefen gilt. Zwischen den Zeilen wird in diesen Briefen auch klarer, warum dieses Thema insbesondere vor den Auslandseinsätzen oft nur schwer thematisiert werden kann, obwohl die Ängste dann drängend sind. Im Anschluss folgt eine Auseinandersetzung darüber, welche Ängste die Partner und Familien beschäftigen, wie sie diese erleben und verarbeiten. Inhalt dieses und des folgenden Kapitels ist auch, welches Verhalten einen guten Umgang mit Ängsten erleichtern kann. Es geht also darum, sich offen dem immer wichtiger gewordenen Thema „Ängste" zu stellen und mit dem Vorurteil aufzuräumen, das sich hinter der verunsichernden Frage versteckt: „Wird es nicht erst schlimmer, wenn man darüber spricht?"

## 5.1 Ein Briefwechsel vor dem Auslandseinsatz: Eine „etwas andere Hinführung" zum Thema Ängste

**BRIEF 1**

*Lieber Chris,*

*ich habe in unserer Tageszeitung von einem Soldaten der „Schnellen Eingreiftruppe" gelesen. Er kam eben aus dem Einsatz aus Afghanistan zurück. Er sagte zu den Journalisten: „Wer sagt, er habe keine Angst, der lügt." Ich finde es fast ein wenig wohltuend, dass er das ausspricht. Hast du Angst in deinem Einsatz? Ich nämlich gebe das nicht gerne zu und versuche das nicht so an mich heranzu-*

lassen. Und mir scheint, du hältst es ebenso. So vieles geistert durch die Medien. Die Frauen deiner Kameraden erzählten mir nach dem letzten Einsatz von den gefährlichen Erlebnissen ihrer Männer. Du aber sagst, „das ist zwar nicht einfach, aber alles halb so wild. Wir packen das schon, wir sind darauf vorbereitet und vieles ist einfach Soldatenhandwerk – und bei uns passiert ja wenig."

Ehrlich gesagt, ich glaube, auch du hast bisweilen Angst und auch du sorgst dich natürlich um vieles. Gewiss gibt es Unterschiede, welche und wie viel Angst du hast oder ich und die Kinder haben. Sicher ist die Angst unterschiedlich, je nachdem, wohin dein Einsatz geht und für wie gefährlich wir ihn halten. Ich spürte in unseren vergangenen Einsätzen, dass du mich und uns grundsätzlich von belastenden Gedanken verschonen willst. Und vermutlich halten wir es beide so, um es uns möglichst nicht noch schwerer zu machen. Jedoch möchte ich dir sagen, dass ich gerne wüsste, was in dir vorgeht. Es ist eben nicht damit getan, dass wir beide diese vier Monate zusammen irgendwie durchstehen. „Irgendwie" – und dann, wenn hoffentlich wieder alles gut geht, wir danach so tun, als sei nichts gewesen, bis dann der nächste Einsatz kommt. Das nämlich scheint mir zunehmend schwierig, je öfter du in den Einsatz gehst – auch wenn ich von der Schweigepflicht mal ganz abgesehen verstehe, wenn du sagst, dass ich ja nicht jedes Detail der Einsatzzeit wissen müsse.

Vielmehr könnte es doch unser gemeinsames Projekt werden. Wir beide können uns aufeinander verlassen. Aber das ist kein Grund eben „nichts" zu tun. Denn dazu muss ich wissen, was in dir vorgeht. Dazu müssen wir unsere Ängste, Befürchtungen teilen können. Nur: Drei Tage bevor du in den Einsatz gehst, ist es kaum noch möglich, damit anzufangen. Dann überwiegt meist der Stress. Und mir ist aufgefallen, dass wir kurz vor deiner Abreise kaum noch miteinander reden können, obwohl wir dann besonders harmonisch miteinander umgehen wollen. Kuschelwoche auf Kommando sozusagen. Schrecklich und unrealistisch! Unser Austausch muss also vorher stattfinden. Er muss dann stattfinden, wenn dein Einsatz noch einige Zeit vor uns liegt. Erst wenn du im Einsatzort angekommen bist, kommunizieren wir ja meist wieder. Und dann funktioniert unser Austausch plötzlich wieder umso intensiver, egal ob per Brief oder E-Mail. Bis zu dem Zeitpunkt, wenn du zurück bist. Dann ist meist erst mal wieder erneut Sendepause. Warum ist das so? Vieles scheint wirklich eine Frage des richtigen Ortes, des richtigen Zeitpunkts zu sein – und dann noch der Kunst, die richtigen Worte zu finden, zwischen Wahrheit und Keine-Panik-machen-Wollen. Ist gar nicht so einfach.
Deine Eva

**BRIEF 2**

*Liebe Eva,*

*eine Antwort auf deinen Brief und deine vielen Gedanken: Du hast mich gefragt, ob ich denn keine Angst hätte. Natürlich habe ich viele Gefühle und Gedanken dieser Art. Aber es ist schwierig, darüber zu sprechen. Ich will dich nicht zusätzlich belasten. Teilweise weiß ich auch einfach nicht, wie ich es dir sagen soll, ob es überhaupt gut ist darüber zu reden. Wäre es nicht besser, diesen Einsatz einfach hinter uns zu bringen, im Wissen, dass Gott sei Dank so selten was passiert? Wird es nicht erst schlimmer, wenn man darüber spricht? Muss das nicht eigentlich jeder von uns beiden mit sich selbst ausmachen? Und haben wir nicht inzwischen sogar eine Routine, das hinter uns zu bringen? Gewiss, die Kinder machen mir auch Sorge. Aber kann ich mehr tun, als ihnen Sicherheit zu vermitteln, ihnen zu sagen, dass alles gut wird? Du meintest, „das sei eine typische Männer-Aussage" und es sei doch gar nicht möglich, dass ich alles geregelt habe, wenn ich in den Einsatz abreise. Aber mehr kann ich doch gar nicht machen, als alles Erdenkliche regeln, oder?*

*Von vielen Gedanken zu diesem Thema fällt es mir einfach schwer zu erzählen. Zum Beispiel auch von meinen Gefühlen, wenn ich mit der Patrouille das Lager verlassen muss. Ich behalte das oft lieber für mich. Denn es ist doch unangenehm über Gefahren, Verletzung oder gar Tod zu sprechen – all das ist zwar möglich, aber doch Gott sei Dank unwahrscheinlich. Ansonsten könnte ich auch davon erzählen, dass es mich natürlich ängstigt, dass ich daheim, bei euch, gewissermaßen ersetzt werden könnte, wenn ich nicht da bin. Und dass ich nach der Rückkehr wieder meinen Platz finden muss in eurer Runde – und dabei aber all meine Eindrücke verarbeiten soll. Eigenartig, wie unterschiedlich unsere Ängste oft sind, obwohl es um die gleiche Einsatzzeit geht. Worüber also sollte ich mit dir reden? Wie entlaste ich dich und euch? Und wie erschwere ich uns die Trennungszeit nicht noch zusätzlich durch meine Hilflosigkeit?*

*In der Zeit nach der Rückkehr wird mir dann wieder wochenlang der Gedanke durch den Kopf sausen: „Das Gefühl kann man doch gar nicht beschreiben, das muss man erlebt haben"? So war es nämlich bei meinem letzten Einsatz. So wie du mir gesagt hast, dass du sogar froh warst beim letzten Einsatz, als ich endlich abgefahren war, weil damit endlich das wirkliche Trauern beginnen konnte. Zuvor hatten wir so lange darauf hingearbeitet, dass wir beide erschöpft waren. Ich weiß noch, wie mich das verletzt hat. Vorstellen, wie wir es machen müssen und können, das ist schwierig. Und so hoffe ich einfach, dass alles gut wird, gehe* in den Einsatz, mache meine Sache so gut es eben geht und hoffe, dass auch bei dir, bei euch daheim, alles gut gehen wird. Wir zwei sind doch so stark!

Was wünschst du dir eigentlich? Was brauchst du von mir, was brauche ich von dir, was die Kinder von uns und wir von den Kindern, damit dieser Einsatz, diese Trennungszeit, bei aller Belastung, von uns gut bestanden werden kann? Was brauchen wir, damit wir gut in diese Einsatzzeit gehen können und danach gut und gemeinsam weitermachen können?

Ich drücke dich!

**BRIEF 3**

*Lieber Chris,*

gerne möchte ich dir einige Zeilen antworten auf deine Gedanken: Gewiss auch ich frage mich, ob es nicht besser wäre, wenn ich nichts oder wenig wüsste aus deinen Einsätzen. Und somit nicht zusätzlich belastet wäre. Aber zugleich möchte ich wissen, was dich beschäftigt, was dir Angst macht. Und eigentlich möchte ich dir auch von meinen Ängsten erzählen können. Denn meist verschone ich dich, weil ich weiß, dass du ohnehin schon so viel um die Ohren hast. Aber man sagt doch auch, geteiltes Leid ist halbes Leid und geteilte Freude ist doppelte Freude, oder?! Ist das für einen Auslandseinsatz zu banal? Ich denke, mit deinem Einsatz, der ja auch mein Einsatz und der Einsatz der Kinder ist, könnte es ähnlich sein. Denn eines ist uns beiden klar: Eine ganz normale Zeit ist das gerade bestimmt nicht. Du bist weg. Und spätestens, wenn ich im Radio von Selbstmordanschlägen, Entführungen und Schusswaffengebrauch deutscher Soldaten höre, dann ist es nicht mehr getan mit „wir machen das schon, es passiert doch so wenig und die Wahrscheinlichkeit ist doch so gering". Denn die Minuten der Ungewissheit sind immer wieder mörderisch. Und dadurch, dass ich dabei immer wieder an dich denke, bist du indirekt doch beteiligt. Das ist für mich sehr schwer. Auch dann, wenn du in einem vermeintlich ungefährlicheren Einsatz bist! Und deshalb muss ich dir sagen, dass Nichtstun, dass ständiges Verschweigen, uns nicht stärker macht, sondern nur verheimlicht, was wirklich in uns los ist. Und so frage ich mich, ob wir es nicht einfach so machen können wie mit dem Leid: Geteilte Angst wird zu halber Angst, weil wir sie gemeinsam tragen und sie damit auch gemeinsam leichter machen. Ängste zu verschweigen, belastet uns bloß. Dann weiß ich, was dich wirklich beschäftigt, dann kann ich vielleicht auch besser verstehen, warum du über manches einfach nicht reden magst oder erst Wochen, manchmal gar Monate später. Dann wird es aber eben unser Einsatz, denn es *ist ja auch unsere Zeit davor und danach. Wir wissen beide, dass mit ziemlicher Wahrscheinlichkeit nach dem Einsatz wieder vor dem Einsatz ist. Viele Eindrücke und Erlebnisse werden dann wieder gegenwärtig. Und spätestens dann wird sich zeigen, ob wir die bisherige Einsatzzeit auch nutzen konnten und beide stärker wurden – oder ob jeder nur für sich gekämpft hat …*

*Und noch einen letzten Gedanken möchte ich mit dir teilen, auch wenn ich ihn kaum aussprechen oder schreiben will. Möge der Himmel verhindern, dass es eintrifft und ich weiß, es ist unwahrscheinlich. Aber falls dir dort im Einsatz etwas zustößt, wie sollte ich weiterleben, wenn ich nicht weiß, was wir uns für diesen Fall vorgestellt hätten? Verstehe mich richtig: Ich wünsche nichts mehr, als dass du bald gesund heimkommst. Wenn das aber einmal nicht der Fall sein sollte – und du bist schließlich kein Bäcker von Beruf, sondern Soldat, was andere Gefahren mit sich bringt – dann sollten wir miteinander das kaum Denkbare geteilt haben: Was wäre wenn … Denn gerade dann sind wir gemeinsam stark, wenn wir auch gemeinsam in die Zukunft blicken und sie planen. Und ich denke, gerade wenn du heil zurück sein wirst, werden wir von diesen Gesprächen profitieren, das haben doch deine vorhergehenden Einsätze gezeigt.*

*Sei gedrückt! Deine Eva*

Ein Nachtrag: Die drei Briefe sind so niemals abgeschickt worden – und sind so vielleicht auch etwas „idealtypisch" ausgedacht. Diese Bedenken, Ängste und Gedanken aber erfahre ich häufig in meinen Seminaren. Eine ausführliche Weiterführung dieser Gedanken folgt im späteren Briefwechsel in einer „typischen Wochenendbeziehung".

Auch wenn „Trainingslisten" erst in den nächsten Kapiteln folgen, könnten Sie sich schon nach dem Lesen dieses Briefwechsels die zentralen Fragen stellen:

**ZENTRALE FRAGEN**

- Wo erkenne ich mich in diesen Briefen wieder?
- Wo kann ich widersprechen bzw. was erlebe ich gänzlich anders?
- Welche Fragen kommen nach dem Lesen der drei Briefe in mir auf?
- Was beschäftigt mich mit Blick auf den nächsten Einsatz?
- Worin liegen unsere Chancen?
- Was unterscheidet uns wohl in der Einschätzung der in den Briefen behandelten Themen?

# 5.2 Existenzielle Ängste von Soldaten und Angehörigen „rund um den Einsatz"

**ES WÄRE FATAL ZU VERHEIMLICHEN,** dass die veränderten Einsätze der Bundeswehr existenzielle Gefährdungen und damit Ängste für Soldaten, aber auch für deren Angehörige mit sich bringen. Insbesondere so genannte „Robuste Mandate" bzw. Einsätze in Afghanistan, aber auch z. B. am Horn von Afrika oder Sondereinsätze (Schnelle Eingreiftruppe, Kommando Spezialkräfte) bringen oft schwere Belastungen für Betroffene und Angehörige mit sich. Ängste und Befürchtungen werden allerdings sehr häufig unterdrückt oder verdrängt. Die Partner wollen einander nicht unnötig belasten, sie wollen sich gegenseitig verschonen oder sie sind unsicher, wie sie überhaupt über die belastenden Themen sprechen sollen. Dies zeigt sich auch immer wieder in meinen Seminaren. Zunächst herrscht eine große Unsicherheit in Bezug auf diese Themen, gerade bei Kursen, die unmittelbar vor einem Einsatz stattfinden. Andererseits wird schnell klar, welch große Befreiung es für die meisten Teilnehmer ist, sich mit dem Partner/der Partnerin, vor allem aber auch mit anderen Betroffenen über Fragen, Erfahrungen und Bedenken offen austauschen zu können. Umso mehr gilt dies, seit die Zwischenfälle gerade in Afghanistan zunehmen und die Einsätze immer öfter auch mit aktivem Waffengebrauch deutscher Soldaten verbunden sind. Hinzu kommt oft eine Hilflosigkeit und Überforderung, die existenziellen Gefahren zu thematisieren. Viele sind unsicher, ob es überhaupt sinnvoll und entlastend ist, die Ängste mit dem Partner/der Partnerin oder gar den Kindern zu besprechen. Wenn Ängste nicht ausgesprochen werden, beginnen die Partner, das Verhalten und die Worte des Anderen zu interpretieren. Dies bringt nicht selten nur neue Belastungen oder Fehleinschätzungen mit sich. Dagegen bedeutet das Aussprechen der Gedanken nicht nur, mehr von der wichtigen Gedankenwelt des Anderen zu erfahren. Vielmehr fühlen sich die Partner wesentlich besser verstanden und können so später von diesem gegenseitigen Wissen profitieren. Sie können sich dadurch besser in die Gedanken- und Gefühlswelt des Anderen hineinversetzen.

Insbesondere das Vorbereitungs- und Trainingsprogramm für Paare und Familien, das über die Katholische Militärseelsorge und das ZFG der Universität Eichstätt-Ingolstadt bezogen werden kann, bietet als „Selbsthilfe" dafür Orientierungen (siehe Literaturliste). In unbelasteten Zeiten und vor den Einsätzen können die Partner gezielt gestärkt werden und sich sozusagen in einem „Trainingslager für die Liebe" für die Partnerschaft auf Distanz vorbereiten. Wie sich gezeigt hat, sind die vorbereiteten Paare in akuten Krisen und Herausforderungen deutlich belastbarer, „biegsamer" und können nach der Rückkehr die Erfahrungen besser gemeinsam verarbeiten. Aber auch die folgenden Übungen in Kapitel 7 und 8 bieten Hilfestellungen für einen guten Umgang mit den Herausforderungen.

### Zur Unterscheidung der Ängste rund um die Einsätze

Im Einzelnen können die Ängste gewissermaßen in Kategorien unterschieden werden. Je nach Einsatz und Gefährlichkeit der Tätigkeit sowie je nach Zustand der Beziehungsqualität in Partnerschaft und Familie wirken sich die Ängste und Bedenken unterschiedlich aus. Die Grenzen zwischen den Kategorien sind fließend und übergreifend.

Als eine Hauptkategorie können **körperliche (physische) Bedrohungen** genannt werden: Dazu zählen die Angst vor Tod oder Verwundung, aber indirekt auch vor eigenem Schusswaffengebrauch und den sich daraus ergebenden Konsequenzen. Die Aktualität von Anschlägen oder die Nachrichtenlage in den Medien beeinflussen diese Ängste vor körperlicher Bedrohung enorm. Eine zweite Kategorie ist damit eng verbunden. Dabei handelt es sich um **seelische (psychische) Bedrohungen**: Hierzu gehören die Angst vor Veränderungen der Persönlichkeit, vor Traumatisierung oder Burnout, aber auch die Angst davor, sich, bedingt durch Einsatzzeiterlebnisse, extrem zurückzuziehen. Die Soldaten empfinden auch Belastungen wegen rechtlicher Unsicherheiten und daraus resultierender Konsequenzen für ihr Handeln im Einsatz. Oder sie haben Angst vor einem „ungesunden" Umgang mit dem Erlebten. Eine dritte Hauptkategorie darf keinesfalls vernachlässigt werden. Dabei handelt es sich um **soziale Bedrohungen** durch den Einsatz: Typisch ist die Angst vor negativen Veränderungen in den Beziehungen. Einige Beispiele für soziale Bedrohungen, die die Ängste beeinflussen können, sind:
- die Frage nach der Treue (können wir uns, du mir, ich dir treu sein?),
- mögliche Veränderungen in der Familie (in den Beziehungen, den Rollen und Zuständigkeiten der Familienmitglieder, wachsendes oder schlechteres Selbstbewusstsein der Partner),
- das Infragestellen der Verlässlichkeit von Beziehungen oder Freundschaften generell,

- mögliche Störungen im Vertrauensverhältnis zu Kindern und zu den eigenen (Schwieger)Eltern oder Geschwistern,
- bei den Soldaten kommt es zudem häufig zu Schuldgefühlen wegen der mangelnden Präsenz in der eigenen Familie zu Hause, die die Ängste zusätzlich beeinflussen.

**Einige Beispiele für Ängste von Kindern, die stark altersabhängig sind:** Angst vor Rechtfertigung im Umfeld oder der Gesellschaft für den Beruf des Elternteils, insbesondere dann, wenn Medien intensiv berichten (nachdem Unglücksfälle aufgetreten sind oder sich die Kinder z. B. Diskussionen in der Schule stellen müssen). Möglich Verlustängste sind ein wichtiger Aspekt aus der Perspektive der Kinder. Angst um die Sicherheit des Elternteils („Wie gefährdet ist Papa/Mama?") kann eine bedeutende Rolle spielen. Angst vor sinkender Bedeutung („Hat mich Mama/Papa nicht mehr oder noch lieb?"), mögliche Selbstvorwürfe („Bin ich schuld, dass Papa/Mama weg ist?"), unklare Einsatz-, Gewalt- und Kriegsvorstellungen, Sorge um die Zukunft („Der nächste Einsatz von Papa/Mama kommt doch bestimmt schon bald wieder. Wenn er/sie dann endlich daheim ist, geht er immer bald wieder weg!"), das sind nur einige Aspekte, die verdeutlichen, wie groß und variabel Ängste aus den unterschiedlichen Perspektiven sein können.

Mögliche Hürden, warum die Partner oder Familien im Umgang mit ihren Ängsten im Kontext der Auslandseinsätze Schwierigkeiten haben, können sein: **gegenseitiges „Verschonen-Wollen" der Partner/des sozialen Umfelds, Hilflosigkeit bzw. „Methodenunsicherheit"** („Wie spreche ich am besten meine Ängste an, ohne zusätzlich zu belasten? Lasse ich es lieber gleich sein?"), **Mangel an Gelegenheit** („Gibt es einen richtigen Zeitpunkt und Ort, um Ängste im Vorfeld anzusprechen?"). Aber auch ein grundsätzliches **Desinteresse** kann eine Bedeutung für Partnerschaft und Familie haben: Die Auswirkungen des Einsatzes werden dann tatsächlich als nicht entscheidend oder unbedeutend für die Beziehung betrachtet. Wobei hier wichtig ist, ob alle betroffenen Familienmitglieder dies so sehen und empfinden. Wie bereits betont, dienen diese Einteilungen einer grundsätzlichen Orientierung, da die Grundlagen meist ineinander greifen und wirken. Je nach Lebenswelt und eigener Betroffenheit werden die beispielhaft genannten Ängste naturgemäß anders intensiv empfunden.

Einige unterschiedlich betroffene Personengruppen werden nun, nach der Perspektive der Kinder, noch ausdrücklich angesprochen, um klarer zu machen, wie sich die Ängste auf die Familienmitglieder verschieden auswirken und sie die Bedrohung auch anders empfinden können: Inwiefern die Bedrohungen selbst beeinflusst werden können, ist ein wichtiger Faktor dafür, wie intensiv Ängste wahrgenommen werden und belasten. Denn je weniger die Umstände beeinflussbar sind, desto mehr Angst machen sie. Dies ist ein Grund, warum z. B. die körperliche Bedrohung vor Verwundung oder Tod nicht selten von den Angehörigen daheim als besonders groß empfunden wird und den Soldaten/die Soldatin andererseits soziale Gefährdungen für Partnerschaft und Familie im Alltagseinsatz durchaus mehr beschäftigen können. Weitere Personengruppen, die mit den besonderen Herausforderungen in Auslandseinsätzen konfrontiert sind und daher auch eine unterschiedliche Angstwahrnehmung haben können, sind z. B. Mitarbeiter im psychosozialen Netzwerk (sie sind oft selbst von allen drei Kategorien der Bedrohungen betroffen, werden dabei berufsbedingt im hohen Maß zusätzlich intensiv mit den Ängsten und Erwartungen der „Rat- und Hilfesuchenden" konfrontiert). Alleinstehende Soldaten (ungebundenen, unverheiratet oder auch geschieden) stellen eine weitere wichtige Gruppe für die Unterscheidung von Ängsten dar. Einerseits erleben sie die Bedrohungen, andererseits fehlt der Partner/die Partnerin für die wichtigen Austauschmöglichkeiten. Oft stellt sich für Singles auch die Frage, inwieweit sie eigene Eltern, Großeltern oder weitere Angehörige in Ängste und Vorbereitungen einbeziehen können und sollen. Im Umkehrschluss wird klar, welche Herausforderung die Einsätze für Eltern und Angehörige von Soldaten darstellen und welche Ängste bei ihnen auftreten. In den Seminaren werden bisweilen intensive Ängste von Eltern oder Großeltern thematisiert, die selbst noch Kriegserfahrungen machen mussten und deren Befürchtungen nun davon beeinflusst werden können. Zu beachten sind weiter Soldatenpaare (wenn also beide Partner Soldaten in der Bundeswehr sind). Sie sind von der hohen Mobilitätsanforderung und den Einsatzbelastungen der Bundeswehr in besonderem Maß betroffen. Andererseits betonen diese Paare, dass ein größeres Verständnis für die Verpflichtungen und Konsequenzen des Soldatenberufs möglich ist. Soldaten in Führungspositionen und deren Partner können ebenfalls in eigener Weise belastet sein. Bei ihnen kann das Gefühl vorherrschen, sich nicht öffentlich oder wenigstens im Freundeskreis beklagen oder Ängste überhaupt äußern zu können.

Hinzu kommt neben den eigenen Ängsten für diese Angehörigen die Belastung, dass sie die Tätigkeit des Soldaten/der Soldatin in einer Führungsposition oft in besonderer Weise gegenüber dem Umfeld bzw. im gesellschaftlichen Alltag rechtfertigen müssen. Eine weitere, speziell betroffene Personengruppe können gleichgeschlechtliche Partner/Partnerinnen sein. Bei ihnen wirkt das gesellschaftliche Tabu, wodurch Bedenken und Ängste von ihnen noch weniger offen geäußert werden können und sich diese Betroffenen evtl. besonders alleingelassen fühlen.

# 5.3 Vom guten Umgang mit Ängsten

**DIE DYNAMIK UND CHANCE** der Angst liegen darin, die Motivation und die Routine im Umgang mit den Belastungen zu ändern. Es ist nicht zu leugnen, dass ein gefährlicher Einsatz natürlich Ängste erzeugt. Sie können aber zumindest – bei aller negativen Auswirkung – zu einem positiven „Motor" werden. Es geht nicht darum, „angstlos" zu werden, sondern die Angst zu respektieren, ihr auf den Grund zu gehen und die Motivation, die durch die Ängste möglich ist, für die Beziehungen zu nutzen. Denn Angst kann durchaus auch ein Antrieb sein, um in die Partnerschaft zu investieren – und somit eine Energie freisetzen, die es zu nutzen gilt, wenn die Einsätze sie schon hervorrufen. Wichtig ist, dass es keine wirkliche Routine im Umgang mit den Ängsten gibt. Jeder neue Einsatz ist anders und wird von jedem direkt und indirekt Betroffenen anders erlebt. Eine bisweilen von Soldaten beschworene „Routine" in den Einsätzen kann sich nur auf allgemeine und grundsätzliche Rahmenbedingungen beziehen. Erleben und Auswirkungen auf Partner und Angehörige werden dagegen fast in jedem Einsatz verschieden sein. Ob die Ängste gegenseitig wahrgenommen und verstanden werden, hängt auch davon ab, inwiefern sich die Partner die jeweils andere Lebenswelt vorstellen können (unterschiedliche Belastungen im Einsatz und daheim). Weiter wird die Verarbeitung abhängig sein von der sozialen Unterstützung und von den Austauschmöglichkeiten (mit Kameraden/Kollegen, im Freundeskreis, mit Angehörigen sowie mithilfe von professioneller Unterstützung). Darüber hinaus wirken sich aktuelle Ereignisse und Entwicklungen aus: Nachrichten/Medien beeinflussen die Ängste akut („Wenn ich in den Nachrichten das Wort Afghanistan nur höre, zucke ich schon zusammen").

Wie können nun Ängste reduziert werden? Oder wie ist zumindest ein möglichst guter Umgang mit ihnen möglich? Zu diesen Fragen bietet das folgende Kapitel wesentliche Hilfestellungen.

# 6. ÄNGSTE REDUZIEREN UND STÄRKER WERDEN IN SCHWIERIGEN ZEITEN: DIE „SIEBEN FUNDAMENTE"

Auf folgende Fragen erhalten Sie in diesem Kapitel Antworten und Orientierungen:

- Wie können Menschen eine bevorstehende, belastende Zeit insgesamt gut bewältigen?
- Unter welchen Bedingungen lassen sich Ängste rund um die Einsätze generell reduzieren oder werden zumindest handhabbar?
- Gibt es konkrete Schritte, die helfen, eine ohnehin schwierige Phase wie einen Auslandseinsatz besser zu bestehen – persönlich und als Paar?

Noch drängender werden diese Fragen, wenn der Einsatz schon im Vorfeld als besonders gefährlich für Leib, Seele oder das soziale Umfeld empfunden und deshalb durch die existenziellen Ängste unmittelbar belastet wird. Die folgenden „sieben Fundamente" geben also wesentliche Orientierungen, unter welchen Bedingungen Paare und Familien die bevorstehende Belastung eines Auslandseinsatzes vorbereiten und gut bestehen können. Sie vermitteln zentrale Ansätze, die schon im Vorfeld helfen, Ängste zu reduzieren oder mit ihnen zumindest besser umgehen zu können, um danach miteinander möglichst „bei Leib und Seele gesund" weitermachen zu können.

### Die „sieben Fundamente" des Vorbereitungs- und Trainingsprogramms für Paare und Familien vor einem Auslandseinsatz der Bundeswehr:

1. „Ich muss verstehen und klären, was auf mich zukommt"
2. „Ich muss die bevorstehende Einsatzzeit beeinflussen und gestalten können"
3. „Das Kommende muss für uns alle Sinn machen"
4. „Ich suche bewusst Unterstützung und nehme sie auch an"
5. „Ich verringere zusätzliche Belastungen"
6. „Ich nutze unsere bisherigen Erfahrungen"
7. „Während der Trennungszeit ziehe ich regelmäßig eine positive Bilanz"

**Nicht die Menschen müssen für den Einsatz verändert werden, sondern die Routine, wie mit besonderen Ereignissen und Erlebnissen umgegangen wird.**

Im Folgenden werden diese „sieben Fundamente" in ihrer Bedeutung für das Paar vor einem Auslandseinsatz ausführlich beschrieben:

### 1. „Ich muss verstehen und klären, was auf mich zukommt"

Die Partner und Familienmitglieder müssen ihre Vorstellungen und Erwartungen so gut wie möglich für sich klären und verstehen: „Was kommt da auf mich und uns zu?" Das bedeutet vor dem Einsatz: Stellen Sie sich ein inneres zeitliches und inhaltliches Drehbuch von der bevorstehenden Zeit vor. Das erleichtert den Umgang mit dem Kommenden, auch wenn es zunächst eventuell belastend wirkt. Finden Sie zunächst für sich heraus, was Sie sich für die Zeit des Auslandseinsatzes erwarten. Klären Sie dies anschließend auch für und mit Ihrem Partner/Ihrer Partnerin und mit weiteren Betroffenen, z. B. den Kindern oder auch den Eltern. Diese Offenheit kann Sie alle zusammenschweißen und zugleich viele Missverständnisse ausräumen. Verschonen Sie sich nicht gegenseitig, weil „diese Zeit ohnehin schon schwierig genug ist".

### 2. „Ich muss die bevorstehende Einsatzzeit beeinflussen und gestalten können"

Dafür muss ich mir klarmachen: Was kann ich/können wir rund um den Einsatz gemeinsam beeinflussen und was nicht? Kann ich die Situation bewältigen, wie ich sie erwarte? Und wenn nicht, was ist notwendig, damit diese Zeit dennoch gut verlaufen kann? Denn das Paar/die Familie kann eine Vielzahl von Begleiterscheinungen und Rahmenbedingungen vor, während und nach dem Einsatz durchaus aktiv gestalten. Wie und was das sein kann, sollte gemeinsam geklärt werden. Weitere Beispiele werden in Kapitel 7 und 8 noch ausdrücklich behandelt. Solche Handlungsmöglichkeiten reduzieren das zermürbende Gefühl des Ausgeliefertseins. Wichtig ist aber auch zu erkennen, was rund um den Einsatz eben nicht beeinflusst werden kann, sondern akzeptiert, hingenommen werden muss. Ansonsten droht ein langes Hadern, das nur Kraft raubt. Diese Kraft fehlt dann, um die Herausforderungen zu bestehen.

### 3. „Das Kommende muss für uns alle Sinn machen"

Welchen Sinn macht es, die Belastungen und Entbehrungen des kommenden Einsatzes als Paar, Partner/Partnerin und Familie überhaupt auszuhalten oder mitzutragen? Ein Satz frei nach Friedrich Nietzsche umschreibt diese Situation: Menschen sind bereit, nahezu alles zu ertragen, wenn sie wissen warum und wofür. Das gilt auch für die betroffenen Soldaten und noch mehr für ihre Angehörigen. Für dieses Wissen sind jedoch einige vielleicht ungewöhnliche oder auch unbequeme Fragen zu klären. Die Antworten aber erleichtern das Verständnis füreinander und erhöhen die Bereitschaft, die nicht leichte Zeit des Einsatzes gemeinsam zu bestehen. Dazu gehören Fragen wie „Warum bin ich überhaupt Soldat/Soldatin?" oder „Was bedeutet es für mich, mit einem Soldaten zusammen zu sein?" Auch die Motivation für den bevorstehenden Einsatz ist ein Thema: „Welche Einstellung habe ich zu den Einsätzen der Bundeswehr generell und zu diesem Einsatz im Besonderen?" „Welche Einstellung habe ich dazu, dass ich oder mein Partner/meine Partnerin in genau diesen Einsatz gehen muss?" „Wie wirkt sich das auf mich, auf unsere Partnerschaft, auf unsere Kinder, auf die weiteren Angehörigen, z. B. die Eltern, aus?" Die aus den Antworten gewonnene Klarheit über sich und den Partner/die Partnerin ist wichtig. Denn selbst wenn die Einstellungen weit auseinandergehen sollten, so ist es doch entscheidend zu wissen, wie der Partner/die Partnerin dazu steht – dreht es sich doch um mindestens zwei verschiedene „Wirklichkeiten".

Diese drei wesentlichen Fundamente mit dem Partner/der Partnerin, der Familie und vielleicht auch mit Freunden zu klären, ist eine wichtige Voraussetzung dafür, dass die Einsatzzeit gut bestanden werden kann. Hinzu kommen noch weitere Fundamente, die ebenfalls eine gute Vorbereitung auf die Einsatzzeit ermöglichen und helfen, Ängste zu verringern sowie handhabbarer zu machen.

### 4. „Ich suche bewusst Unterstützung und nehme sie auch an"

Es ist wichtig, sich noch vor dem Auslandseinsatz als Paar und Familie gemeinsam klarzumachen, welche Menschen im persönlichen Umfeld die Belastungen der Einsatzzeit erleichtern könnten. Dies bezieht sich sowohl auf die Angehörigen daheim als auch auf den Soldaten im Einsatz. Und wie und in welchem Rahmen können diese Menschen um Hilfe gebeten werden? Denn oft lässt sich beobachten, dass Familienmitglieder oder Freunde einfach unsicher sind, in welcher Form Hilfe gebraucht oder sogar gewünscht wird – und sie sich dann aus Unsicherheit zurückziehen. Nicht wenige Angehörige von Soldaten klagen in meinen Seminaren, dass sie sich in dieser schweren Zeit, und insbesondere während des Einsatzes, von Freunden, Bekannten oder Verwandten falsch oder gar nicht unterstützt fühlen. Dies führt oft zu langfristigen Belastungen der Beziehungen zu diesen Menschen. Hier kann das Formulieren von klaren Wünschen und das Bitten um konkrete Unterstützung die Einsatzzeit sehr erleichtern. Denken Sie daran: „Heimliche Wünsche werden unheimlich selten erfüllt."

### 5. „Ich verringere zusätzliche Belastungen"
„Alltagswidrigkeiten minimieren", lautet das Schlagwort in diesem Zusammenhang. Aber wie geht das? Am besten, indem sich die Partner vor dem Einsatz darüber Gedanken machen, was (oder auch wer) die Phasen der Trennung zusätzlich belasten könnte, wenn ohnehin schon ein großer Kraftaufwand nötig ist, um den „ganz normalen, getrennten Alltag" zu bewältigen. Vieles davon kann gemeinsam schon im Vorfeld „entschärft" werden. Überlegen Sie gemeinsam, was während der Einsatz- und damit Trennungszeit vermutlich zu erledigen sein wird. Besprechen Sie, wie Sie sich dazu verhalten und was Sie einfach verschieben oder anders planen können. Zu nennen sind hier z. B. regelmäßige oder besondere terminliche Verpflichtungen, das Klären von Finanz- oder Versicherungsangelegenheiten, medizinische Behandlungen, Verpflichtungen gegenüber Familienmitgliedern. Auch belastende persönliche Kontakte können so schon im Vorfeld der Einsätze in entlastende Bahnen gelenkt werden.

### 6. „Ich nutze unsere bisherigen Erfahrungen"
„Hatten wir z. B. schon Krisenzeiten, einen anderen Auslandseinsatz oder Zeiten der Wochenendbeziehung, in denen wir positive oder negative Erfahrungen gemacht haben, die uns nun bereichern können?" „Welche Fehler wollen wir diesmal vermeiden?" „Welche Verhaltensweisen haben gutgetan, haben uns entlastet oder haben sich für uns bewährt?"

Klären Sie diese Fragen rechtzeitig mit Ihren Angehörigen (z. B. „Wie und wie oft müssen wir uns hören, damit es uns allen gut geht?" „Wie wichtig ist uns der Austausch oder Briefkontakt?" „Wünschen wir uns Pakete aus dem oder in den Einsatz? Was soll sich nicht wiederholen?" „Was wollen wir von zuhause/vom Einsatz austauschen, was ausdrücklich nicht?").

### 7. „Während der Trennungszeit ziehe ich regelmäßig eine positive Bilanz"
Begleitend ein positives Tagebuch zu führen oder regelmäßig eine positive Wochenbilanz zu ziehen, ist sehr hilfreich. Schon in der Vorbereitung, aber vor allem

während der Einsatzzeit ist dies bereichernd, wenn es in möglichst regelmäßigen Abständen praktiziert wird. Die Zeit der Trennung erfordert gewissermaßen ein reibungsloses Funktionieren. Im Alltag bleibt daher oft zu wenig Zeit, um einen Blick „von außen" auf das momentane Geschehen zu werfen. Auch das Gefühl für Schönes und Gelungenes kommt in der Hektik oft zu kurz.

Aber wie finden Sie das Positive heraus? Machen Sie sich z. B. immer sonntags in einer kurzen Auszeit klar, was Ihnen in den letzten Tagen gelungen ist, was Sie gefreut hat oder was Sie gerne ändern würden, damit die Phasen der Trennung noch besser bewältigt werden können. Niemand kennt Sie besser als Sie sich selbst. Eine regelmäßige Bilanz erlaubt ein Innehalten. Diese Gedanken können zudem eine wichtige Stütze sein für den Austausch mit dem Partner/der Partnerin während des Einsatzes und nach der Rückkehr. Diese Bilanz sollten Sie in möglichst regelmäßigen Abständen erstellen. Ein Einsatz-Tagebuch oder eine Wochenbilanz hilft auch sehr für die Verarbeitung der Lebenssituation nach dem Einsatz. Dabei ist nicht unbedingt entscheidend, wie viel Zeit Sie in die Bilanz investieren, sondern dass Sie sich diese kleine Zeitinsel sicher und regelmäßig gönnen. Auch Stichpunkte können sich schon sehr positiv auswirken.

Wer es nicht schafft, sich regelmäßig selbst zu beschenken oder innezuhalten, wird leicht erschöpft sein. Denn das angesprochene bloße Funktionieren wird auf Dauer nicht durch die lange Zeit des Einsatzes und der Fernbeziehung tragen. Unabhängig davon, ob Sie Soldat/Soldatin oder Angehöriger/Angehörige sind: Sie müssen sich auch selbst etwas zurückgeben, die Seele pflegen. Diese kurze Phase des Innehaltens ermöglicht das Erkennen von Entwicklungen und von notwendigen Korrekturen. Eine Neuausrichtung und Veränderungen werden so erleichtert.

> **ZUSAMMENFASSUNG**
>
> Nicht der Mensch, die Person, die Partnerschaft, die Familie an sich müssen verändert werden, um eine belastende Phase wie z. B. die Zeit der Fernbeziehung gut bewältigen und um mit Ängsten besser umgehen zu können. Entscheidend ist, dass bei außergewöhnlichen Herausforderungen die bisherige Beziehungsroutine geändert wird. Die neuen Herausforderungen erfordern meist neue Einstellungen, Abläufe, Einsichten und gegenseitiges Verstehen aller Betroffenen, damit auch alle Beteiligten daran und gemeinsam wachsen können.

# 7. ORIENTIERUNG UND TRAINING I: AUSLANDSEINSATZ UND ÄNGSTE – EIN „TRAININGSLAGER FÜR LIEBE, PARTNERSCHAFT UND FAMILIE"

Der Austausch zu folgenden Fragestellungen und Aufgaben ist wichtig, damit die Partnerschaft während der Belastungszeit des Auslandseinsatzes gestärkt werden kann. Die Fragen und Orientierungen greifen die zuvor ausgeführten „Fundamente" auf. In diesem Abschnitt geht es also darum, dass die Partner die Entwicklungen rund um den Auslandseinsatz besser verstehen, sie gemeinsam gut gestalten und dabei als Paar stärker werden.

Bevor nun zu den Arbeitsaufgaben und Trainingslisten übergeleitet wird, folgt ein Überblick über die möglichen Gefühlsentwicklungen der Partner. Dies kann helfen die Rahmenbedingungen des Einsatzes besser zu verstehen.

## 7.1 Gefühlsentwicklungen vor, während und nach einem Auslandseinsatz – ein Überblick

Im Einzelnen kann dies folgenden Ablauf bedeuten:

**PHASE 1**

**Vor der Abreise (ab ca. sechs Wochen vorher)**

- Die lange Zeit der Einsatzvorbereitung, meist mit bereits langen Abwesenheitszeiten von der Familie, belastet oft die Beziehungen. Diese Phase beeinflusst schon Wochen vor der eigentlichen Abreise die Gefühle („Eigentlich beginnt der Einsatz doch schon Wochen vorher, obwohl er/sie noch im Land ist").
- Partner und Familie erwarten die Abreise (z. B. Aufregung, Ablehnung,

Furcht, Zorn, Druck, Schmerz, große Traurigkeit, Ängste, Vorfreude, Herausforderung, aber auch Chancen)
- Eigentliche Abreise wird nicht selten, trotz der Traurigkeit, als Erleichterung empfunden („endlich ist es so weit und es geht los").
- Eventuelle Distanziertheit oder auch besonderes Anlehnungsbedürfnis der Partner (auch Verwirrtheit, Zwiegespaltenheit, Zorn). Ein Problem besteht darin, dass die Bedürfnisse bei allen Beteiligten naturgemäß oft unterschiedlich sind.

**PHASE 2**

### Abreisezeit und während der Trennung

- Gefühlsdurcheinander (eventuell Überlegungen „alles hinschmeißen zu wollen", „das wird mir alles zu viel")
- „Funktionieren-Müssen" daheim (Kinder, Beruf, Verpflichtungen) oder im Einsatz. Langsam zunehmende Ausgeglichenheit (Hoffnung, Vertrauen, Ruhe, weniger Zorn, Einsamkeit)
- Einpendeln des getrennten Alltags je nach Erlebnissen, Ereignissen oder Belastungen
- Erwartung des Wiedersehens (Befürchtungen, Aufregung, hohe Erwartungen, Sorge, Vorfreude, Erleichterung)

**PHASE 3**

### Nach der Rückkehr (ca. sechs Wochen bis zu vier Monate nach der Rückkehr)

- Neuordnung der Verhältnisse (zuerst oft Überschwänglichkeit oder Unannehmlichkeiten, Erkennen des Rollendurcheinanders, Gefühl des Fremdseins – „Gast im eigenen Haus" –, Ringen umeinander, Zufriedenheit oder Enttäuschung, entsprechendes Glücksgefühl oder Befürchtungen wegen weiterer „Entfremdung"), Spannungen und Streit, Unverständnis
- langsames Zusammenfinden (Wiedereingliederung), „Einspielen" des veränderten Alltags (Bemühung aller Beteiligten um Annahme der neuen Rollen – oder der entsprechenden Auseinandersetzungen)

Zum Thema Kinder sei hier nochmals ausdrücklich auf Kapitel 4 verwiesen. Wie am Beispiel eines viermonatigen Auslandseinsatzes zu sehen ist, entspricht die Entwicklung der Gefühle gewissermaßen einem Kreislauf. Ausgehend von der Ankündigung des Einsatzes bis zur Rückkehr entwickeln sich die Emotionen weiter und müssen dann in den neuen Familienalltag nach der Rückkehr integriert werden. Bildlich kann der Verlauf der Gefühle wie in der folgenden Skizze dargestellt werden. Dabei kann die getroffene Auswahl an möglichen Gefühlsentwicklungen immer nur eine Orientierung sein – die Reihenfolge und Intensität der Emotionen wird von allen Partnern anders erlebt:

**Anfangsschock**
- In der unmittelbaren Vorbereitung der Trennung (ein bis zwei Wochen vorher) sind oft Ärger, Anspannung, Ängste und Protest vorherrschend.

**Rückkehr**
- Anpassungsschwierigkeiten hängen von Dauer und Qualität des Einsatzes/der Trennungszeit ab.
- Es braucht Zeit gemeinsam wieder eine Einheit zu werden, sich wieder aneinander zu gewöhnen.
- Veränderungen in den Rollen und Persönlichkeiten werden verarbeitet.

**Abreisezeit**
- Tage vor der Abreise werden von zunehmender Distanzierung oder Anlehnungsbedürfnis beherrscht (oft bei den Partnern unterschiedlich)
- Sorge um die Beziehung nimmt zu. In dieser Phase ist es entscheidend, dass sich beide Partner bewusst sind: Wenn keine Emotionen gezeigt werden, ist das kein Zeichen dafür, dass Emotionen fehlen würden.

**Erwartung der Heimkehr**
- Ca. vier Wochen vor der Rückkehr beginnt dieses Stadium.
- Vorbereitungen und Organisationen der Familie beginnen.
- Dabei werden auch wiederauftauchende, verdrängte Konflikte und Anspannungen belebt („schlafende Bedingungen").

**Emotionale Desorganisation**
- Kurzfristig nach der tatsächlichen Trennung: Traurigkeit, Unsicherheit, evtl. Verzweiflung.
- Dauer: ca. zwei bis sechs Wochen („Heulwochenenden")

**Erholung und Stabilisierung**
- Nach ca. drei Wochen beginnen (aktive) Bewältigungsversuche.
- Versuch von Tag zu Tag zu leben. Emotionale Krisen treten zwar noch auf, aber ihnen folgen stetig Ruhepausen („Jojo-Effekt").

**Faustregel zur Orientierung:** Die Wiedergewöhnungszeit dauert sechs Wochen oder länger, und kann sich so lange hinziehen, wie der Einsatz selbst dauerte.

Selbstverständlich wirken sich eine Reihe von Rahmenbedingungen eines Einsatzes auf Partnerschaft und Familie aus (Dauer der Trennung, Ort des Einsatzes, Belastung in der Einsatzzeit im Ausland oder in der Familie daheim, Beziehungszufriedenheit, Unterstützung oder Belastung durch das soziale Umfeld etc.). Die Lebensphase des Paares zur Zeit des Einsatzes kann daneben von großer Bedeutung sein. So ist es für das Erleben der Fernbeziehung natürlich wichtig, wie lange die Partner verbunden sind, ob sie verheiratet sind oder ob sie Kinder haben.

Andererseits liegt es an den individuellen Lebensbedingungen, ob diese Voraussetzungen für die Distanzbeziehung jeweils entlastend oder belastend sind. Meine Seminarerfahrungen zeigen: Je kürzer ein Paar zusammen ist, desto flexibler reagiert es oft darauf, sich auf neue Herausforderungen einstellen zu müssen. Andererseits sprechen insbesondere länger verheiratete Paare von einer größeren Sicherheit, die sie in ihrer Beziehung empfinden, und von einer größeren Hemmschwelle sich in Krisen zu trennen. Auch verweisen sie häufig darauf, dass sie eine grundsätzliche Souveränität, ein gewachsenes Vertrauen ineinander und einen gelasseneren Umgang mit belastenden Zeiten gewonnen haben. Hier ist jedoch nicht der Raum, um einzelne Vor- und Nachteile abzuwägen sowie auf die Entwicklungen einer Partnerschaft ausführlich einzugehen. Das würde den Rahmen dieses Buches sprengen. Daher soll zusammenfassend ein knapper Überblick mit wenigen, ausgewählten Beispielen verdeutlichen, welche Entwicklungsphasen die Beziehungen im so genannten „Ehezyklus", dem Lebenskreislauf als Paar, durchlaufen können. Dies ist gewissermaßen der Hintergrund, vor dem Paare und Familien die Herausforderung Fernbeziehung oder einen Auslandseinsatz bestehen müssen. Wie lange die einzelnen Entwicklungsphasen zeitlich dauern, ist individuell unterschiedlich. Die Übergänge der Phasen sind fließend.

Schwellen- und
Wendepunkte
in der
Entwicklung der
Partnerschaft

**Kennenlernen/Werbung**

Das Paar lernt sich kennen. In dieser ersten Werbungsphase entscheiden sich die Partner füreinander, sie sammeln bereits Argumente, die für und gegen eine langfristige Beziehung oder mögliche Heirat mit diesem Menschen sprechen. In dieser Phase stimmt das Paar z. B. Einstellungen und Werte miteinander ab. Es entwickelt die grundsätzlichen Muster, wie es miteinander umgeht.

**Erste Beziehungs-/ Ehejahre**

Die Paare legen die Grundlagen für die Entwicklung der gemeinsamen Einstellungen, etwa wie es sich die Arbeitsteilung vorstellt. Die Entscheidung für oder gegen Kinder wird gefällt. **Im Fall einer ungewollten Kinderlosigkeit müssen sich die Partner mit den Folgen für ihr gesamtes Beziehungsleben auseinandersetzen. Lebensentwürfe müssen verändert und Sinnfragen anders beantwortet werden.** Das Verhältnis von Nähe und Distanz entwickelt sich, unabhängig von Kindern, besonders in diesem Abschnitt.

**Beziehung/Ehe mit/ohne Kleinkindern**

Wenn das Paar Kinder hat: In den Elternrollen verhandeln die Partner die Art und Weise, wie sie sich gegenseitig unterstützen (können) und wobei nicht. Das Paar verwirklicht seinen Alltag nicht mehr nur über die enge Zweierbeziehung: Kinder verändern das „System der Partnerschaft" stark. Die Zeit, die die Partner miteinander verbringen, wird den Veränderungen angepasst: Prioritäten werden anders gesetzt zwischen z. B. Partnerschaft, Kindern, beruflicher und privater Verwirklichung. Oft wird jetzt – je nach räumlicher Nähe – der Kontakt zu den Herkunftsfamilien (Eltern, Schwiegereltern) belebt.

**Beziehung/Ehe mit Schulkindern**

Die gegenseitige Unterstützung in der Erziehung der Schulkinder wird entwickelt. Oft folgt auch eine Veränderung des Lebensstils, wenn für einen Partner der berufliche Wiedereinstieg möglich wird. Die Rollen innerhalb der Partnerschaft und der Erziehung sind dann wieder zu klären.

**Beziehung/Ehe nach Ablösung der Kinder**

Kinder, die „aus dem Haus sind", verändern erneut das gesamte System der Partnerschaft. Die tragenden Muster der Beziehung, insbesondere die Säulen der erfüllenden Partnerschaft (vgl. Kapitel 2.2.), müssen neu „erlernt" werden. Die Außenbeziehungen, z. B. zu Herkunftsfamilien, Freunden etc., verändern sich. Es ist die Zeit, in der Bilanz gezogen wird: Was ist in den kommenden Jahren möglich? Was soll sich ändern? Ist mir das genug?

**Reife Beziehung/Ehe**

Eine Herausforderung ist es, andere Lebensinhalte zu finden. Oft schließt sich mit dem Ruhestand ein stärkeres Fragen und Suchen nach dem Lebenssinn an. Themen wie Krankheit, Pflege oder Tod werden spätestens jetzt in Bezug auf die eigenen Eltern, aber auch für das eigene Leben drängender und erfordern neue Lebenseinstellungen.

**FAZIT:**

Selbstverständlich ist dies nur eine kleine Auswahl an Schlagworten in Bezug auf die Entwicklungsphasen eines Paares. Wichtig ist es zu verstehen, dass die unterschiedlichen Zeitstufen auch andere Chancen und Schwierigkeiten für die Partner und Familienmitglieder rund um die Fernbeziehungen mit sich bringen. Um ein konkretes Beispiel zu nennen: In der Phase des Kennenlernens bzw. der Werbephase trägt ein erlebter Auslandseinsatz stark zur Meinungsbildung bei, inwiefern sich ein Partner/eine Partnerin grundsätzlich vorstellen kann einen Soldaten/eine Soldatin zu heiraten.

Im Folgenden werden nun wesentliche Voraussetzungen für die praktische sowie für die emotionale Vorbereitung von Familien für einen Auslandseinsatz erörtert.

### Die organisatorische Vorbereitung

Soldaten, die in den Einsatz gehen, erhalten die Familieninformation der Familienbetreuungszentren (FBZ). Es empfiehlt sich, die Vorsorgemappe gemeinsam mit dem Partner/der Partnerin zu bearbeiten. Hier finden sich Unterlagen, z. B. zu wichtigen Themen wie Finanzen und Verwaltung, zu Betreuung und Fürsorge, ein Muster einer Vorsorgevollmacht oder auch ein Muster einer Betreuungsverfügung. Wichtig ist vor allem auch, den Personalbogen für das ausgewählte Familienbetreuungszentrum auszufüllen. Angehörige können ansonsten von diesen Einrichtungen nicht betreut werden. Immer wieder kann auch die Frage zu Konfliktthemen führen, inwiefern z. B. die Eltern von Soldaten oder unverheiratete Partner Informationen erhalten und in den Informationsfluss eingebunden werden (können). Klären Sie das in Ihrer Familie. So können Missverständnisse und manchmal auch Kränkungen schon im Vorfeld vermieden werden.

Für die Vorbereitung der organisatorischen Angelegenheiten rund um einen Auslandseinsatz werden Hilfen von der Bundeswehr angeboten. Eine Auswahl an relevanten Internetseiten sehen Sie im Anhang. Wichtige Themen können jedoch auch anhand der in diesem Buch angegebenen Austauschhilfen geklärt werden. Um nur einige zentrale Voraussetzungen aufzuzeigen, die es zu berücksichtigen gilt und die rechtzeitig, möglichst also nicht erst im unmittelbaren Vorfeld der Einsätze, zu klären sind, weil die Fülle sonst oft überfordert:

Vorsorgemappe, Personalbogen, Krankenversicherung und Beihilfe, Lebens- und Unfallversicherungen, Bank- und Kontovollmachten, Patientenverfügungen, dienstliche Einsatzversorgung, Aspekte der Vorbereitung für Auto, Wohnung und sonstigen Verpflichtungen. Die Klärung der Testamentsfrage ist ebenso wichtig. Auch wenn diese Thematik zunächst abschreckt, so ist es doch ein Aspekt, der letztlich den Einsatz erleichtert. Nach der gesunden Rückkehr wird es Sie als Paar zusätzlich bereichern, diese Fragen beantwortet zu haben.

Im Anschluss an diese Übersichten helfen die folgenden Arbeitsaufgaben, Übungen und Trainingslisten, die Chancen und Klippen der Fern- bzw. Wochenendbeziehung zu einer intensiven Selbsterfahrung und einem „Trainingslager für die Liebe" werden zu lassen. Es klingt zunächst vielleicht ungewöhnlich, von einem „Trainingslager" für die Liebe auf Distanz zu sprechen. Und doch ist das eine herausragende Chance für die Partnerschaft. Denn es gilt, die speziellen Entwicklungen bei Ihnen selbst, bei Ihrem Partner/Ihrer Partnerin und bei Ihrer Familie nicht nur passiv über sich ergehen zu lassen, sondern diese bewusst wahrzunehmen, an den Herausforderungen zu wachsen und die Konsequenzen für die Partnerschaft und als Selbsterfahrung zu nutzen. Kurz: Sie sollen Partnerschaft und Familie stärken.

Handgeschriebene Informationen haben während eines Auslandseinsatzes eine große Bedeutung. Briefe zu schreiben fällt aber vielen Menschen schwer. Gerade diese Personen erhalten anhand der folgenden Listen ohne großen Aufwand einen wertvollen Leitfaden für den wichtigen Austausch der Partner. Die meisten der folgenden Listen und Fragestellungen lassen Raum für Notizen. Es kostet zunächst vielleicht etwas Überwindung direkt in das Buch zu schreiben. Sie werden aber erstaunt sein, welche Wirkung und Tiefe die Aufgaben ermöglichen, wenn Sie sich darauf einlassen. Für den Austausch mit dem Partner/der Partnerin können die Aufgaben z. B. kopiert werden. Manche Aufstellungen sind nur für Sie persönlich bestimmt und werden Sie dabei unterstützen, die Phasen der Distanzbeziehung als intensive und wichtige Selbsterfahrung zu erkennen. Andere

Auflistungen sind für den gemeinsamen Austausch mit dem Partner/der Partnerin gedacht. Sie sollen die gegenseitige Kommunikation und Ihren partnerschaftlichen Austausch anregen. Manche Aufgaben werden Sie vielleicht weniger ansprechen. Doch gerade in diesen Herausforderungen, die Sie zunächst eher abschrecken, stecken oft ungeahnte Erkenntnisse.

> **Bei allen Anregungen und Listen gilt jedoch: Erledigen, verändern (oder unterlassen) Sie die Aufgaben dieses Arbeitsbuchs so, wie es Ihnen derzeit gut tut, denn für manchen Anreiz ist vielleicht noch nicht die richtige Zeit in Ihrer Fernbeziehung gekommen. Es ist durchaus sinnvoll, die Aufgaben systematisch und mit Geduld über einen Zeitraum von Wochen oder gar Monaten langsam zu bearbeiten. Nichts spricht aber dagegen, dass Sie die Aufgaben schneller oder in einer anderen Reihenfolge bearbeiten: Wenn Sie z. B. in der Phase kurz vor dem Wiedersehen stehen oder bereits seit Tagen, Wochen oder Monaten entfernt voneinander leben, sind die Anregungen der vergleichbaren Kapitel wahrscheinlich interessanter, da sie dem aktuellen Rhythmus Ihres Beziehungslebens entsprechen.**

# 7.2 Die Vorbereitung – wenn der Auslandseinsatz bevorsteht

**GERADE LÄNGERE FERNBEZIEHUNGSZEITEN** wie Auslandseinsätze können – bei aller Unvorhersehbarkeit – durch gezielte Vorbereitung besser bestanden und gestaltet werden.

Noch bevor Sie weiter das Arbeitsbuch erkunden, versuchen Sie anhand der folgenden Aufgaben Ihre wichtigsten Fragen, Befürchtungen und Wünsche in Bezug auf Ihren Auslandseinsatz bzw. Ihre Wochenendbeziehung zu formulieren. Diese Listen können Sie nach der Bearbeitung des gesamten Arbeitsbuchs abgleichen. Sie werden erstaunt sein, welche Entwicklungen über längere Zeit möglich sind, die ansonsten in Ihrer Partnerschaft oder dem Familienleben oft unbemerkt vor sich gehen. Bewahren Sie diese Liste also als Orientierung während der Bearbeitung der Aufgaben und Übungen auf.

**Der langfristige Austausch mit dem Partner/der Partnerin:**

Die folgenden Listen beziehen sich teilweise auf Wesentliches, teilweise aber auch auf vermeintlich Alltägliches. Erschrecken Sie nicht über den Raum zum Ausfüllen in den Übungen, denn diese Gedankensammlung kann wie ein Tagebuch über Wochen und Monate gefüllt werden. Sie allein entscheiden, welche Übung wann sinnvoll für Sie ist. Bitten Sie auch Ihren Partner/Ihre Partnerin, diese Listen langfristig zu erstellen. Wenn Sie sie weitgehend gefüllt haben, nehmen Sie sich bei nächster Gelegenheit eine ruhige Stunde Zeit, gehen Sie gemeinsam mit dem Partner/der Partnerin spazieren und tauschen Sie sich über Ihre unterschiedlichen und ähnlichen Einschätzungen aus

Es geht letztlich nicht um unterschiedliche Auffassungen oder Übereinstimmungen, sondern wichtig ist, die Erlebniswelt des Partners/der Partnerin zu erfahren.

**Die gefundenen Aspekte können dann**

- die gemeinsamen Zeitphasen bereichern,
- dem Partner/der Partnerin wertvolle Hinweise liefern, was sich der Andere wünscht,
- dem Schreiber helfen, sich selbst darüber bewusster zu werden, was ihm/ihr wichtig ist,
- den gemeinsamen Rückblick erleichtern, wenn das Paar wieder vereint ist.

Es ist im Kontext des Auslandseinsatzes besonders wichtig, sich in die Vorstellungen und Rollen des Partners/der Partnerin und/oder der Kinder zu versetzen – gerade auch, weil die unterschiedlichen Welten im Einsatz und zuhause in der Familie oft schwer vorstellbar sind. Diese Übungen bieten dazu eine Gelegenheit.

Alle Fragen, die mit diesem Symbol gekennzeichnet sind, beziehen sich auf die Sicht Ihres Partners/Ihrer Partnerin. Sie werden dann gebeten aus seiner/ihrer Perspektive die Fragen zu beantworten. So entstehen wichtige Erkenntnisse für Ihre Partnerschaft.

**AUFGABE 1**

Ein Blick voraus auf die bald beginnende Einsatzzeit. Was sind drei wichtige Fragen oder Aspekte unsere Fernbeziehung betreffend, die es für mich in den kommenden Monaten vor und während der Zeit des Auslandseinsatzes zu klären gilt?

1. ........................................................................................................................................

2. ........................................................................................................................................

3. ........................................................................................................................................

**AUFGABE 2**

Wichtig für eine erfüllende Fernbeziehung ist es, sich von Zeit zu Zeit wieder zu vergegenwärtigen, was man in der Partnerschaft *nicht* will. Ein Auslandseinsatz bietet dazu eine besondere Zeit der „Wahrnehmung". Fünf Entwicklungen, die ich für meine Fernbeziehung nach Möglichkeit vermeiden will:

1. ........................................................................................................................................

2. ........................................................................................................................................

3. ........................................................................................................................................

4. ........................................................................................................................................

5. ........................................................................................................................................

**AUFGABE 3**

Die Phasen der Fernbeziehung im Rahmen eines Auslandseinsatzes bieten auch besondere Entwicklungsmöglichkeiten. Chancen für unsere Partnerschaft während der Distanz können sein:

........................................................................................................................................

........................................................................................................................................

........................................................................................................................................

........................................................................................................................................

........................................................................................................................................

Der Einsatz muss Sinn machen damit die Partner die Belastungen und Entbehrungen mittragen. Ihre Antworten müssen nicht übereinstimmen. Aber das Wissen um Einstellung und Motivation erleichtert das Verständnis füreinander und erhöht die Bereitschaft, die nicht leichte Zeit des Einsatzes gemeinsam zu bestehen.

**AUFGABE 4**

Für den Soldaten/die Soldatin: Warum bin ich überhaupt Soldat/Soldatin?

......................................................................................................

......................................................................................................

......................................................................................................

......................................................................................................

......................................................................................................

Für den Partner/die Partnerin: Was bedeutet es für mich, mit einem Soldaten/einer Soldatin zusammen zu sein?

......................................................................................................

......................................................................................................

......................................................................................................

......................................................................................................

......................................................................................................

**AUFGABE 5**

Welche Einstellung habe ich zu den Auslandseinsätzen der Bundeswehr generell und zu diesem Einsatz im Besonderen?

......................................................................................................

......................................................................................................

......................................................................................................

......................................................................................................

......................................................................................................

**AUFGABE 6**

Welche Einstellung habe ich dazu, dass ich oder mein Partner/meine Partnerin in genau diesen Einsatz gehen muss?

.................................................................................................................................

.................................................................................................................................

.................................................................................................................................

.................................................................................................................................

**AUFGABE 7**

Wie wirkt sich das ganz allgemein auf mich, auf unsere Partnerschaft, auf unsere Kinder, auf die weiteren Angehörigen z. B. die Eltern aus?

.................................................................................................................................

.................................................................................................................................

.................................................................................................................................

.................................................................................................................................

.................................................................................................................................

**AUFGABE 8**

Die Phasen des Abschieds und der Trennung lassen oft klarer werden, worauf wir als Paar, als Familie dann verzichten müssen. Deshalb ein Blick voraus: Was sind Aktivitäten, die ich eigentlich gerne öfter mit meinem Partner/meiner Partnerin oder in unserer Familie erleben möchte?

.................................................................................................................................

.................................................................................................................................

.................................................................................................................................

.................................................................................................................................

.................................................................................................................................

**AUFGABE 9**

Wichtig ist auch, die Perspektive des Partners/der Partnerin zu verstehen: Seine/ihre Wünsche und Hoffnungen, wie ICH sie derzeit in Bezug auf den Einsatz und die Zeit davor und danach einschätze, sind:

..................................................................................................

..................................................................................................

..................................................................................................

..................................................................................................

**AUFGABE 10**

Was würde wohl mein Partner/meine Partnerin gerne auf Dauer in Bezug auf unsere Fernbeziehung vermeiden?

..................................................................................................

..................................................................................................

..................................................................................................

..................................................................................................

**AUFGABE 11**

Was sind derzeit meine konkreten Erwartungen und Hoffnungen an meinen Partner, meine Partnerin für unsere Fernbeziehung?

..................................................................................................

..................................................................................................

..................................................................................................

..................................................................................................

..................................................................................................

# 7.3 Freundschaften pflegen – eines der wichtigsten Themen für Fernbeziehungspartner – nicht nur „rund um Auslandseinsätze"

**UM IHRE FERNBEZIEHUNG** erfüllend zu gestalten, ist es von großer Bedeutung, dass Sie ein Netzwerk an Freundschaften pflegen. Daher sollen nachfolgend nicht einfach nur Freunde und Bekannte aufgelistet werden. Vielmehr kann Ihnen diese Liste einerseits vor Augen halten, wie viele wertvolle Menschen Sie kennen. Andererseits scheitern Freundschaften von Paaren in Fernbeziehungen oft daran, dass sie nur sporadisch gepflegt werden – nämlich dann, wenn der Partner/die Partnerin weniger erreichbar ist. Eigene (und auch gemeinsame) Freunde sind aber von größter Bedeutung, um sowohl die vom Partner/der Partnerin getrennten als auch die gemeinsamen Phasen erfüllend gestalten zu können. Deshalb ist es wichtig für Fernbeziehungspaare, sich mit dem Thema „Freunde und Bekannte" bewusst auseinanderzusetzen. Beantworten Sie daher für sich persönlich die folgenden Fragen zum Thema Freundschaften und nutzen Sie für Ihre Planungen die daraus folgenden Erkenntnisse:

> **AUFGABE 12**
>
> Welche Freundschaften und Bekannte sind mir besonders wichtig und können mein Leben – nicht nur – in den vom Partner/der Partnerin getrennten Phasen bereichern? (Sie können sich mit dieser Liste auch selbst an wichtige Beziehungen, ausbaufähige Bekanntschaften und Freundschaften erinnern, die es vielleicht wieder besser zu pflegen gilt – oder sich vor Augen führen, wer Ihnen vor längeren Trennungen eine wichtige Stütze sein kann ...)
>
> .................................................................................................
>
> .................................................................................................
>
> .................................................................................................
>
> .................................................................................................

Welche Freundschaft können Sie eher zusammen als Paar, welche müssen/können Sie vor allem alleine pflegen. Worin liegt der Unterschied für mich bzw. uns?

Name des Freundes/der Freundin          Wie kann ich die Freundschaft pflegen?


Alleine


Als Paar


**AUFGABE 14**

Drei Aspekte, auf die ich in Sachen Freundschaften generell achten sollte:

1. ..............................................................................................................................

2. ..............................................................................................................................

3. ..............................................................................................................................

**AUFGABE 15**

Nehmen Sie noch einmal die Liste mit Ihren Freunden zur Hand:
Welche speziellen Schwierigkeiten gilt es zu überwinden, damit ich diese Freundschaften pflegen kann? Schreiben Sie hinter den jeweiligen Namen die Schwierigkeiten, die es zu überwinden gilt, damit die Freundschaft belebt werden kann oder bestehen bleibt:

..............................................................................................................................

..............................................................................................................................

..............................................................................................................................

..............................................................................................................................

..............................................................................................................................

# 7.4 Die Tage vor der Abreise: Vorbereitungen – und vom unpassenden Begriff „Kuschelwoche"

**DER TAG DER ABREISE** selbst ist meist besonders beklemmend. Deshalb ist es wichtig, sich schon vorher mit den wichtigen Themen des Abreisetags zu beschäftigen und sie gemeinsam abzusprechen. Denn der Soldat/die Soldatin ist dann meist gänzlich anderen Herausforderungen ausgesetzt als der daheimbleibende Partner/die Partnerin. Während der/die eine in der Truppe und im Gewirr der Abreise zu „funktionieren" hat, muss der/die Andere den Alltag zuhause „am Laufen halten". Daneben soll Raum für Emotionen, Trauer, Ängste und Abschied sein? Das ist ein oft schwer zu meisternder Spagat für Partner, Eltern, Kinder und Angehörige.

Bedenken Sie daher schon im Vorfeld, am besten mehrere Tage vor der Abreise: Sie müssen gemeinsam eine Form des Abschieds kultivieren, der Ihnen die natürliche Traurigkeit des Verabschiedens möglichst erleichtern kann. Dies gilt umso mehr, wenn Sie Kinder haben. Wenn Ihnen lange Abschiedszeremonien besonders schwerfallen, dann verhindern Sie sie. Für die Daheimbleibenden gilt: Planen Sie rechtzeitig eine Ablenkung für die Zeit nach dem Abschied ein. Bei aller Belastung und Emotionalität wird von Familien immer wieder betont, dass der Soldat/die Soldatin durch seine neuen Aufgaben eher abgelenkt ist als der Partner/die Partnerin, der nun zuhause gewissermaßen das Defizit verwalten muss. Ablenkung ist gerade für die ersten Tage nach der Abreise legitim, wenn sie ein wenig die Trauer nach der Trennung lindern kann. Warum also sich nicht bald nach der Abreise zum Sport oder einem anderen Hobby verabreden – wenn Sie dazu in der Lage sind? Es geht nicht darum, so zu tun, als sei nichts gewesen. Das ist ohnehin nicht möglich. Aber: Sie müssen sich nicht dem „Solo-Blues" hingeben, wenn er Ihnen nicht guttut. Soldaten berichten immer wieder, dass gerade die Momente des Flugs an den Einsatzort eine Art Brücke darstellen zwischen daheim und der neuen Aufgabe in den kommenden Monaten. Gerade diese Zeit im Flugzeug kann eine Chance bieten, sich zu sammeln und darüber nachzudenken, inwiefern die Familie daheim in der nächsten Zeit an den Gedanken und

Gefühlen teilhaben kann. Ansonsten gilt auch für die Soldaten: Ablenkung in diesen ersten Stunden der Abreise ist legitim, um die Flut an Emotionen zu bewältigen. Wichtig ist nur, dass Sie Ihre gemeinsame Strategie mit Ihrem Partner/ Ihrer Partnerin absprechen, damit nicht einer von Ihnen hinterher enttäuscht wegen zu weniger oder zu vieler Reaktionen ist. Die folgenden Tipps können Ihnen dabei helfen:

### TIPPS FÜR DIE ZEIT VOR DER ABREISE:

Da die unmittelbare Zeit vor der Abreise in der Regel knapp ist, sollten Sie sich nicht zu viel davon erwarten, sie nicht mit Erwartungen überfrachten. Denken Sie an den „Weihnachtseffekt". Je harmonischer wir uns eine Zeit vorstellen, desto schwieriger wird es, diese Ansprüche zu erfüllen. Der unpassende Begriff der „Kuschelwoche" täuscht vor, dass diese Tage vor der Abreise gerade für Harmonie und Gemeinsamkeit ideal wären. Lassen Sie sich davon nicht unter Druck setzen! Meist ist diese Woche von Planungen, Absprachen, Hektik und Spannungen geprägt und es bleibt womöglich wenig Zeit für Kuscheln und Harmonie.

Gerade in der Zeit vor der Abreise ist es daher wichtig zu wissen, dass nicht gezeigte Gefühle nicht bedeuten, dass diese Emotionen beim Partner/bei der Partnerin abhandengekommen wären. Aber in dieser Phase ist es für manche besonders schwer, Gefühle zu zeigen. Und es ist völlig normal, wenn in dieser Woche Anspannung herrscht. Streit in dieser Zeit ist zwar besonders schade, aber eben verständlich. Seien Sie also gerade jetzt miteinander und mit sich selbst etwas nachsichtiger als sonst.

Gehen Sie in den letzten Tagen vor der Abreise bei längeren Fernbeziehungen für eine Stunde alleine spazieren und suchen Sie Plätze der Ruhe, um trotz der Spannung immer wieder den Kopf ein wenig frei zu bekommen.

Gerade dieser letzte Tipp ist, obschon die gemeinsame Zeit ohnehin so knapp bemessen ist, sehr wichtig. Diese Spaziergänge alleine, so banal der Vorschlag klingen mag, sind eine gute Möglichkeit der Vorbereitung. Denn Sie kehren zurück und Ihr Partner/Ihre Partnerin wird noch da sein. Dies kann sowohl für die Soldaten als auch für die Daheimbleibenden eine Chance sein. Sie haben also die Gelegenheit, die Gedanken und Eindrücke, die Ihnen in dieser dichten Zeit eingefallen sind, anschließend mit ihm/ihr auszutauschen. Auch das ist etwas sehr Wertvolles, was so unmittelbar und konzentriert für ein Fernbeziehungspaar außergewöhnlich sein kann. Natürlich müssen Sie diese Zeit mit dem Partner/der Partnerin absprechen und für gewöhnlich wird er/sie dies zunächst etwas befremdlich finden. Aber genau diese Phase des „Rückzugs" auf sich selbst ist eine Kraft- und Gedankenquelle, die nicht nur Ihnen selbst, sondern besonders Ihrer Partnerschaft zugutekommt. Im Übrigen sind Spaziergänge, natürlich auch mit dem Partner/der Partnerin, generell wichtige Auszeiten, in denen Sie Raum und Abstand füreinander und miteinander teilen können. Gerade in den emotional belasteten Zeiten vor dem Abschied (und dem Wiedersehen) sind Zeiten des Rückzugs z. B. in die Natur, sehr hilfreich und entlastend.

**Ein Merksatz für die erfüllende Fernbeziehung vor, während und unmittelbar nach einem Auslandseinsatz:**
**Gerade dann brauchen wir am nötigsten Zeit für uns selbst, wenn wir meinen, überhaupt keine Zeit zu haben!**

**NOCH EIN TIPP:**

Wenn der Abschied für längere Zeit sein wird, „feiern" Sie ihn schon zwei bis drei Tage vor dem Abreisetag. Nehmen Sie buchstäblich schon vorher Abschied und versuchen Sie, die dann verbleibenden Tage und Stunden als „Extra" zu sehen. Deshalb schmerzt die Trennung an sich zwar nicht weniger. Aber Sie können das „frische" Entfernt-Sein wesentlich besser verarbeiten und nutzen. Meist muss es am Abschiedstag ohnehin schnell gehen, und die Hektik lässt dann kaum Raum für Emotionen oder sie kommen geballt. Wenn dafür schon einige Tage früher Zeit war, können Sie ein wenig besser mit der „Traurigkeit danach" umgehen.

Besonders der Tag der Abreise ist oft emotional beklemmend. Vorüberlegungen können diesen schwierigen Tag etwas erleichtern. Die folgenden Aufgaben helfen beiden Partnern, schon vor dem tatsächlichen Abschiednehmen die getrennte Zeit gemeinsam vorzubereiten, um sie später auch besser bestehen zu können:

## AUFGABE 16

Was möchte ich meinem Partner/meiner Partnerin/meinem Kind unbedingt gesagt haben, wenn wir nach dem Abschied für die Dauer des Einsatzes getrennt sind: Nutzen Sie diese Erkenntnis und lassen Sie diese Aspekte Ihren Partner/ Ihre Partnerin oder Ihr Kind wissen, z. B. auf einer Karte oder in einem Brief, den sie rechtzeitig vor dem Abschied übergeben. Seien Sie sich sicher, diese Botschaft wird intensiv verschlungen.

1. ...................................................

2. ...................................................

3. ...................................................

## AUFGABE 17

Eine Erinnerung für Sie selbst: Überlegen Sie sich fünf Gegenstände, Sätze (Zettel, Briefe) oder spezielle Erinnerungsstücke, die Sie Ihrem Partner/ Ihrer Partnerin/Ihrem Kind mit in die Trennungsphase(n) geben könnten und die ihn/sie/es in der Trennungszeit überraschen.

1. ...................................................

2. ...................................................

3. ...................................................

4. ...................................................

5. ...................................................

So kann Ihre persönliche Inspirationsquelle entstehen und Sie können sich auf etwas ungewöhnliche Weise spontan nahe sein. Denken Sie dabei an alle Sinne: sehen, hören, schmecken, riechen, fühlen (z. B. Ihr Duft oder ein Kleidungsstück, das nach Ihnen riecht, könnte hier Verwendung finden). Ihrer Fantasie sind dabei keine Grenzen gesetzt. Sie wissen selbst am besten, womit Sie den Partner/die Partnerin überraschen können.

## AUFGABE 18

Vielleicht mag es zunächst befremdlich klingen, aber bisweilen sind vor besonderen Zeiten kleine „Verrücktheiten" bereichernd: Machen Sie ein Foto nur von den Augen und von den Händen Ihres Partners/Ihrer Partnerin, vielleicht auch von Ihrem Kind/ Ihren Kindern und lassen Sie ebenso von Ihren Augen und Händen eine Aufnahme machen. Im Kapitel „Während der Entfernung" werden Sie erfahren, was es damit auf sich hat.

**AUFGABE 19**

Machen Sie sich eine Liste mit zehn Aktivitäten, die Ihnen besonders guttun könnten in Zeiten, wenn Sie ausgesprochen traurig sind. Diese Liste wird später noch Bedeutung erlangen.

1. ......................................................
2. ......................................................
3. ......................................................
4. ......................................................
5. ......................................................

6. ......................................................
7. ......................................................
8. ......................................................
9. ......................................................
10. ......................................................

**TIPP**

Für die daheimbleibenden Partner:
Hilfreich sind sportliche Aktivitäten, besonders im Wasser (schwimmen, ein Bad nehmen, Sauna). Wasser ist bei Traurigkeit besonders lindernd und verleiht neue Energie.

Für die Soldaten:
Solche Energiequellen sind im Einsatz naturgemäß oft schwierig zu aktivieren. Und doch gibt es Alternativen: Was könnten kleine Kraftquellen oder Aktivitäten für Sie im Einsatz sein?

**AUFGABE 20**

Für die zu Hause bleibenden Partner: Denken Sie an den Tag der Abreise und machen Sie sich dafür eine Liste mit drei Aktivitäten, was Ihnen dann guttun könnte. Auch reine Ablenkung ist an einem solchen Tag völlig legitim. Nutzen Sie die folgenden Fragestellungen und legen Sie Ihre Antworten für den Tag der Abreise als Merkzettel bereit. Sie können Ihnen eine wertvolle Hilfestellung werden.

1. ......................................................
2. ......................................................
3. ......................................................

Eine Erinnerung, insbesondere für die daheimbleibenden Partner: Machen Sie eine Liste mit Menschen, mit denen Sie sich speziell für den Abend der Abreise verabreden könnten, um nicht in der Melancholie baden zu müssen. Vielleicht können auch die zuvor formulierten Aktivitäten dazu eine Orientierung bieten.

1. ....................................................................................................................

2. ....................................................................................................................

3. ....................................................................................................................

4. ....................................................................................................................

5. ....................................................................................................................

**AUFGABE 22**

Was fällt mir voraussichtlich am Abreisetag sehr schwer – und was kann ich gegen die vermeintlichen Abschiedsleiden tun, um sie zu lindern?

1. ....................................................................................................................

2. ....................................................................................................................

3. ....................................................................................................................

4. ....................................................................................................................

5. ....................................................................................................................

**TIPP**

Für die Daheimbleibenden: Suchen Sie sich einen Ort, der Ihnen Kraft gibt und der für Sie leicht erreichbar ist. Das können z. B. eine Kirche, eine Anhöhe, eine Sitzbank in der freien Natur, ein Platz an einem See, an einem Fluss oder auch unter einem bestimmten Baum sein.

Für die Soldaten: Auch wenn solche Kraftorte im Einsatz rar sind, es gibt sie! Überlegen Sie sich, welche Orte/Plätze das für Sie sein können.

Eine Postkarte mit diesen Fragen und Antworten, die von beiden Partnern bearbeitet werden, kann später eine gute Gesprächsgrundlage bieten …

**Was ich Dir nun vor der Zeit des Einsatzes unbedingt gesagt haben möchte:**

■ Meine größten Hoffnungen für die Zeit des Einsatzes und danach sind:
■ Meine größten Befürchtungen sind:
■ Was ich mir von dir wünsche für die bevorstehende Zeit:
■ Wovor ich Angst habe!
■ Lass uns diese Zeit zu unserem gemeinsamen Projekt machen. Worauf müssen wir dann achten?
■ Was du in jedem Fall noch wissen sollst:

# 7.5 Der Tag der Abreise – nun ist es soweit …

**NUN IST ES SOWEIT.** Der Tag der Abreise ist gekommen. Oft bleibt nach der Abfahrt – gerade für die daheimbleibenden Partner – ein beklemmendes, trauriges Gefühl. Ängste und Befürchtungen sind dann besonders präsent. Nun gilt es, die Überlegungen zu nutzen, die Sie zuvor machen konnten. Sich nur dem Solo-Blues, der Traurigkeit hinzugeben, mag zwar der Stimmung entsprechen. Es gibt aber auch Alternativen, denn es profitiert niemand von Ihrer Traurigkeit, auch wenn sie verständlich ist und selbstverständlich „sein darf". Andererseits haben diese Trauerphasen und Emotionen eine wichtige Funktion, um die Trennung zu verarbeiten. Nutzen Sie Ihre Erkenntnisse aus den vorhergehenden Listen für die Vorbereitung des Abschieds.

**Für die Daheimgebliebenen:**

Erinnern Sie sich an den Ort, der Ihnen Kraft spendet. Besonders am Tag der Abreise und allen weiteren Tagen, die von Traurigkeit erfüllt sind, kann das Aufsuchen und Ausruhen an diesem Ort sehr hilfreich sein. Erinnern Sie sich, was Ihnen laut Liste bei allem Gefühlschaos am Tag der Abreise guttun könnte: Suchen Sie sich eine Aktivität aus und verwirklichen Sie sie. Sie haben bereits Denkanstöße aufgeschrieben, wie Ihnen dieser Tag ein wenig leichter fallen kann. Jetzt wäre ein wichtiger Zeitpunkt, diese zu lesen!

**Bemerkungen zur Traurigkeit beider Partner nach dem Abschied**

Diese Momente des Abschieds machen oft besonders traurig. Vor allem für Paare, die noch nicht sehr lange zusammen sind oder in einer Fernbeziehung leben, ist es ausgesprochen schmerzhaft und die vorweggenommene Sehnsucht scheint nun alles zu beherrschen. Dann darf und soll die Traurigkeit auch ihre Berechtigung haben. Aber: Traurigkeit und Melancholie spenden immer auch Energie. Seien Sie genau dann, wenn es besonders weh tut, für genau diesen Moment kreativ und gestalten Sie spontan etwas, das Ihre Traurigkeit und Melancholie ausdrückt. Denn die eigene Traurigkeit z. B. in Worten, Musik oder Bildern auszudrücken, kann eine besondere Kraft sein, sich selbst besser kennenzulernen. Für Soldaten im Einsatz bietet sich dann besonders das Briefeschreiben an. Von E-Mails raten viele „erfahrene" Fernbeziehungs-Paare eher ab, da sie dann bisweilen zu unvermittelt kommen. Andererseits bieten sie die Möglichkeit, den Partner/die Partnerin zuhause aktuell teilhaben zu lassen. Die Aktivität in der besonderen Traurigkeitssituation muss nichts Spektakuläres hervorbringen. Egal auf welche Weise und wie lange Sie sich damit beschäftigen: Alles ist erlaubt, um der Traurigkeit ein Gesicht zu geben – und sie mit dem Partner/der Partnerin möglichst zu teilen. Denken Sie daran: Geteilte Ängste und Traurigkeit werden zum stärkenden, gemeinsamen „Geheimnis".

**Überlegungen zur Phase nach dem Abschied**

Der Tag der Trennung ist trotz aller Überlegungen im Vorfeld letztlich nie ganz planbar. Die Trennungszeiten nach dem Abschied fühlen sich dann oft doch etwas anders an als erwartet, denn die Verfassung hängt von vielen Kleinigkeiten ab. Umso mehr zählt es, Ihre Gefühls- und Gedankenentwicklungen zu beobachten. Werden Sie sich bewusst, was diese Trennungszeit „mit Ihnen macht.

**AUFGABE 23**

Listen Sie fünf Überlegungen auf, die es nun für Sie zu berücksichtigen gilt, damit die Zeit des Einsatzes und der Entfernung mehr als nur eine passive Leidenszeit und reine Übergangszeit bis zum nächsten Wiedersehen werden kann. Schreiben Sie diese Liste spontan.

1. ........................................................................

2. ........................................................................

3. ........................................................................

4. ........................................................................

5. ........................................................................

# 7.6 Die Phasen des Entfernt-Seins

**EINE WICHTIGE CHANCE** und ein Vorteil der Distanzbeziehung ist es immer wieder, deutlich vor Augen gestellt zu bekommen, worauf Sie eigentlich langfristig nicht mehr verzichten möchten. Dies ist nicht zuletzt für die so wichtige Beziehungsperspektive von großer Bedeutung. Diese Aspekte bewusst wahrzunehmen und aufzuschreiben, ist auch deshalb sinnvoll, weil die Erkenntnisse wieder in den Hintergrund geraten oder gar vergessen werden, wenn Sie wieder vereint sind. Nicht zuletzt in den Phasen des langsamen und neuen Zusammenfindens nach der Rückkehr sollten diese Listen immer wieder zur Hand genommen werden. Gerade dann kann sich ihr eigentlicher Wert herausstellen.

**AUFGABE 24**

Fernbeziehungszeiten bieten auch die Chance, sich selbst besser kennenzulernen: Schreiben Sie die Aspekte auf, die Sie während Ihrer oder der Abwesenheit Ihres Partners/Ihrer Partnerin besonders vermissen und auf die Sie langfristig für Ihre Partnerschaft nicht verzichten möchten. Lassen Sie das Ihren Partner/Ihre Partnerin wissen!

..............................................................................................................................

.....................................................................................

.....................................................................................

.....................................................................................

.....................................................................................

---

**AUFGABE 25**

Trotz aller Traurigkeit und Beklemmung: Diese Phase bietet auch besondere Chancen. Sie können sich weiterentwickeln, wenn Sie sich die Möglichkeiten und Chancen bewusst machen. Schreiben Sie daher eine Liste mit drei speziellen Chancen, die Sie für sich in der nächsten Zeit und für eine eventuelle weitere Phase der Fernbeziehung sehen – auch wenn Sie den Partner/die Partnerin noch so vermissen.

1. ...............................................................................

2. ...............................................................................

3. ...............................................................................

---

**Anmerkung zur nächsten Aufgabe:** Paare, die Wochen und Monate getrennt sind, sollten diese Liste nach ungefähr einem Drittel der Trennungszeit bearbeiten. Wochenendbeziehungs-Paare sollten diese Liste nach etwa drei bis sechs Monaten Erfahrung mit der Pendlerbeziehung erarbeiten (Wochenendbeziehungen werden an späterer Stelle ab Kapitel 8 noch ausführlicher behandelt).

**AUFGABE 26**

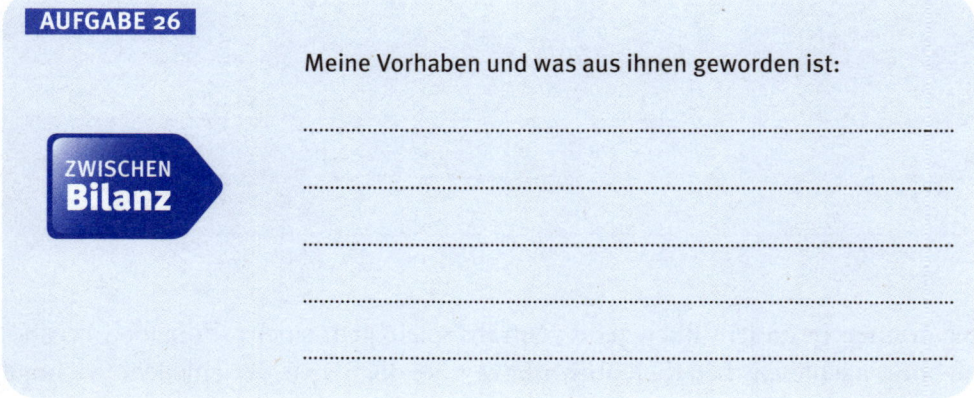

Meine Vorhaben und was aus ihnen geworden ist:

ZWISCHEN
**Bilanz**

.....................................................................

.....................................................................

.....................................................................

.....................................................................

.....................................................................

Fernbeziehung in den Trennungsphasen des Auslandseinsatzes bedeutet auch, dass ich mich immer wieder selbst erinnere, was ich mir für mich und für unsere Partnerschaft vorgenommen hatte oder mir wieder neu vornehmen muss. Fernbeziehung bedeutet ebenso die Chance, beobachten zu können, inwiefern meine Vorsätze im Alltag tatsächlich Bestand haben.

**AUFGABE 27**

**ZWISCHEN Bilanz**

Nennen Sie nun drei Aspekte, die Sie entgegen Ihren ursprünglichen Vorsätzen zu sehr vernachlässigt oder gar aus den Augen verloren haben:

..................................................................................

..................................................................................

..................................................................................

..................................................................................

..................................................................................

**AUFGABE 28**

Konsequenzen der Zwischenbilanzen: Nennen Sie fünf Aktivitäten, um die Sie sich nun besonders bemühen sollten, damit Sie Fernbeziehungs-Zeiten aktiv gestalten können. Vielleicht gibt es auch eine Reihe von Beschäftigungen und Erledigungen, die gerade jetzt gut und sogar besser verwirklicht werden können, als wenn die Partnerin/der Partner hier wäre.

..................................................................................

..................................................................................

..................................................................................

..................................................................................

..................................................................................

Sie können in diesem Buch zehn zentrale Spielregeln einer erfüllenden Fernbeziehung nachlesen. Letztlich aber gibt es unendlich viele verschiedene wichtige

Aspekte, die für alle Paare auch höchst unterschiedlich in der Bedeutung sein können. Wagen Sie nun – mit einiger Erfahrung in Sachen Fernbeziehung – eine grundsätzliche Bilanz. Formulieren Sie Ihre ganz eigenen (zehn) Spielregeln, was für Sie unerlässlich oder gar absolut notwendig ist, damit Ihre persönliche Fernbeziehung gelingen kann. Vertrauen Sie sich selbst: Denn niemand wird – wenn Sie es nicht wollen – Ihre Liste zu Gesicht bekommen. Sie können also beruhigt auch verrückte Aspekte oder sehr intime Erkenntnisse formulieren. Wichtig ist, dass Sie Ihre Gedanken festhalten und, so gut es eben geht, in Worte fassen. Auch wenn Sie vielleicht denken: „Das ist mir doch ohnehin klar, ich kenn mich doch", so ist es eine überraschend vertiefende Möglichkeit, die eigenen „Zehn Gebote" auf das Papier zu bringen.

**AUFGABE 29**

**ZWISCHEN Bilanz**

Meine bisherigen Erkenntnisse darüber, was gerade in unserer Partnerschaft auf Distanz wichtig ist. MEINE und UNSERE „Zehn Gebote einer gelingenden Fernbeziehung":

1. ..............................................................................................
2. ..............................................................................................
3. ..............................................................................................
4. ..............................................................................................
5. ..............................................................................................
6. ..............................................................................................
7. ..............................................................................................
8. ..............................................................................................
9. ..............................................................................................
10. ..............................................................................................

Eine Fernbeziehung lebt auch davon, sich in die Rolle des Partners/der Partnerin zu versetzen. Wie erlebt er/sie die Beziehung? Wie lebt er/sie die Distanz und Nähe? Was sind wesentliche Unterschiede und Übereinstimmungen im Alltag der Distanzbeziehung – auch auf lange Sicht? Unterschiede und Übereinstimmungen einzuschätzen und kennenzulernen ermöglicht ein besseres Verständnis füreinander. Machen Sie sich also auf den Weg und versuchen Sie, diese grundlegenden „Zehn Gebote einer gelingenden Fernbeziehung" aus der Sicht Ihres Partners/Ihrer Partnerin zu formulieren. Versetzen Sie sich in seine/ihre Lage. Worin liegen Unterschiede, worin Übereinstimmungen?

### Gedanken im Vorfeld der Rückkehr: Die Rückkehr und das Wiedersehen kreativ gestalten

Wenn die Rückkehr und das Wiedersehen langsam nahen, können Sie die entsprechenden Vorbereitungen in die Wege leiten: Sie erinnern sich an die Fotos, die Sie beide kurz vor der Abreise speziell von den Augen und Händen Ihres Partners/Ihrer Partnerin gemacht haben? Kleben Sie diese Bilder nun an eine Stelle, der Sie tagsüber immer wieder gegenüberstehen, z. B. an den Spiegelrand in Ihrem Badezimmer. Immer wenn Sie dieses Bild sehen (besonders zu Beginn und am Ende des Tages), dürfen Sie darauf vertrauen, dass Sie sich während der Trennung viel mehr als nur einen Augen-Blick lang besonders nahe sind. So fühlen Sie sich auf etwas andere Weise verbunden und können darauf bauen, trotz räumlicher Trennung „ein Team" zu sein. Dieser Moment darf Sie ruhig werden lassen und Ihnen zeigen: Wir wachsen auch entfernt zusammen!

**EIN TIPP**

für das Wiedersehen, wenn die Trennung Wochen oder Monate gedauert hat: Wenn es möglich ist, verlagern Sie das Wiedersehen an einen erholsamen, „neutralen" Ort, der Raum und Zeit bietet für das wichtige und nicht immer einfache Aneinander-Gewöhnen. Bedenken Sie, auch wenn es unwahrscheinlich klingt: Je mehr und je länger Sie sich vermisst haben, desto schwieriger kann eventuell das Wiedersehen sein. Aber auch das ist normal.

Wenn Sie Wochen und Monate getrennt waren, sollten Sie – wenn irgendwie möglich – schon zu Beginn ein gemeinsames Kurzurlaubs-Wochenende planen. Es bietet Ihnen einen guten und geschützten Raum. Dabei ist nicht die Entfernung wichtig (obwohl es von Vorteil ist, wenn der Aufenthaltsort sich weit genug weg befindet, um nicht „mal eben" nach Hause fahren zu können). Der Urlaubs-Aspekt wird Ihr Wiedersehen bereichern und erleichtern. Lassen Sie sich gegenseitig beim

Wiedersehen Raum für Spontanes und Überraschendes. Zu große Erwartungen und zu viele Planungen machen das Wiedersehen unnötig schwer.

# 7.7 Drei Tage vor der Rückkehr bis zum Wiedersehen

**WENN DIE ZEIT DES WIEDERSEHENS** naht, ist es wichtig, nicht zu viele Erwartungen aufzubauen. Geben Sie einander Zeit für ein langsames Annähern. Oft wird – bei aller berechtigten Vorfreude – diese Phase überfrachtet. Es ist eine wichtige Zeit, die durch einige Überlegungen erleichtert werden kann:

**AUFGABE 30**

Kurz vor der Rückkehr – eine Vorbereitung des Wiedersehens: Was möchten Sie für das Wiedersehen und in der ersten gemeinsamen Zeit unbedingt vermeiden?

1. .................................................................................................................

2. .................................................................................................................

3. .................................................................................................................

4. .................................................................................................................

5. .................................................................................................................

**AUFGABE 31**

ZWISCHEN
**Bilanz**

Was hat sich während der Trennung eingeschlichen oder langsam ergeben? Benennen Sie drei Aspekte, die sich überraschend positiv oder negativ entwickelt haben.

.................................................................................................................

.................................................................................................................

.................................................................................................................

.................................................................................................................

.................................................................................................................

**AUFGABE 32**

Wenn Sie über die eben genannten Entwicklungen und die Bilanz nachdenken: Worin könnte ein besonderes Potenzial, also eine Entwicklungs-Chance dieser schlichten oder deutlichen Veränderungen für Sie oder Ihre Beziehung liegen?

.......................................................................................................

.......................................................................................................

.......................................................................................................

.......................................................................................................

**AUFGABE 33**

Entwickeln Sie eine Strategie: Nennen Sie fünf Aspekte, die Ihnen beim Wiedersehen vielleicht besonders schwerfallen könnten – und wie Sie dies eventuell abmildern könnten.

1. .................................................................................................

2. .................................................................................................

3. .................................................................................................

4. .................................................................................................

5. .................................................................................................

**AUFGABE 34**

Wenn es vorhersehbare oder überraschende Spannungen in der Zeit des Wiedersehens gibt, was könnte dann Entspannung bringen?

.......................................................................................................

.......................................................................................................

.......................................................................................................

.......................................................................................................

**AUFGABE 35**

Welche Erwartungen und Hoffnungen könnte mein Partner/meine Partnerin an mich für die Zeit des Wiedersehens haben?

.......................................................................................................

.......................................................................................................

.......................................................................................................

.......................................................................................................

## Überlegungen zu Ihren eigenen „zehn Geboten", die Sie zuvor erstellt haben

Nehmen Sie die „Zehn Gebote", die Sie erstellt haben, wieder zur Hand: Sie selbst entscheiden, wann der Zeitpunkt günstig und bereichernd ist, Ihre Gebote für sich selbst und mit Ihrem Partner/Ihrer Partnerin zu besprechen. Unabhängig davon bieten die folgenden Aufgaben eine Richtlinie, wie Sie Ihre Erkenntnisse nutzen können.

**AUFGABE 36**

Schreiben Sie zu den Geboten eine mögliche Befürchtung auf: Was könnte das Umsetzen der Regeln erschweren, wenn Sie einander wiedersehen, und was können Sie selbst dafür tun, damit Ihre Gebote bereichern?

.......................................................

.......................................................

.......................................................

.......................................................

.......................................................

**AUFGABE 37**

Ein Blick voraus: Was könnte aus meiner Sicht beim Wiedersehen belastend werden? Meine Haupt-Befürchtungen ...

.......................................................................................................

.......................................................................................................

.......................................................................................................

### AUFGABE 38

Was könnte wohl aus der Sicht meines Partners/meiner Partnerin belastend werden? Versetzen Sie sich in die Lage Ihres Partners/Ihrer Partnerin: Was könnte die Einhaltung der „Zehn Gebote" aus der Sicht Ihres Partners/Ihrer Partnerin zur Zeit des Wiedersehens erschweren?

Benennen Sie mögliche Haupt-Befürchtungen zu den wichtigen Geboten kurz und prägnant.

.........................................................................................................................................

.........................................................................................................................................

.........................................................................................................................................

.........................................................................................................................................

### AUFGABE 39

Entwickeln Sie eine Strategie. Nehmen Sie Ihren Befürchtungen den Schrecken: Vergleichen Sie Ihre Befürchtungen oder Ängste mit denen Ihres Partners/Ihrer Partnerin oder Ihres Kindes. Können Anregungen, Rückschlüsse und Orientierungen aus diesen Überlegungen gezogen werden? Versuchen Sie nun, aus der Erkenntnis dieser Befürchtungen Ihre ganz eigene Strategie zu formulieren: Worauf könnten Sie speziell achten, damit Ihre Gebote auch im Zusammensein mit Ihrem Partner/Ihrer Partnerin gelten können?

# 7.8 Die Phase des Wiedersehens nach dem Einsatz

**DIE OBERSTE REGEL DES ANKUNFTSTAGS:** Lassen Sie sich gegenseitig Zeit und Raum für Spontaneität oder auch für Nichtstun.

Die Stimmung ist oft von körperlicher Erschöpfung durch die Fahrt und durch die Eindrücke aus der getrennten Zeit beeinflusst. Gönnen Sie einander Launen, Gereiztheit oder Erschöpfung, denn die Zurückkehrenden brauchen Zeit, um sich in die Welt daheim neu einzufügen, und die Daheimgebliebenen, um sich wieder neu an die Veränderungen zu gewöhnen.

Prinzipiell gilt die Faustregel: Je länger die Trennung dauerte und je mehr es an belastenden Entwicklungen oder Erlebnissen „zu verarbeiten" gibt, desto mehr Zeit wird für die erste Annäherung nötig sein. Die Zeit, bis sich wirklich alle Familienmitglieder neu aufeinander eingestellt haben, kann sogar so lange dauern wie die Trennung selbst.

# 7.9 Zeit des neuen, langsamen Zusammenfindens

**DENKEN SIE FÜR IHR WIEDERSEHEN** immer wieder daran: Nutzen Sie die Erkenntnisse der bisherigen Listen, durch die Sie sich auf das Wiedersehen mit Gefahren, Chancen und Grenzen vorbereitet haben! Und machen Sie sich bewusst: Es ist nie einfach nur ein Wiedersehen. Es ist immer ein Neuanfang! Die beiden Lebenswelten müssen erst wieder neu zueinander finden. Das kann Tage, aber auch Wochen und Monate dauern. Geben Sie sich gegenseitig Zeit. Sie haben sich nicht einfach nur auseinandergelebt oder sind sich fremd geworden. Vielmehr haben Sie sich beide in der Trennungszeit weiterentwickelt, haben zahlreiche schwierige und schöne Erfahrungen gemacht. Diese Eindrücke müssen nun langsam wieder in Ihre „neue" gemeinsame Welt einfließen können.

Auch Ihrem Partner/Ihrer Partnerin gehen in diesen Tagen viele Dinge durch den Kopf. Damit er/sie nachempfinden kann, was in Ihnen vorgegangen ist, gewähren Sie einen Einblick in Ihr Gefühlsleben. Schauen Sie in Ihren Listen nach, was Sie nach der Abreise besonders vermissten. Wählen Sie einige für Sie besonders wichtige Erkenntnisse oder einfach kleine Alltäglichkeiten aus. Sie können dem Partner/der Partnerin auch einfach einige Ihrer Listen als eine Art Geschenk übergeben.

Erwarten Sie nicht automatisch und unmittelbar eine Reaktion. Ihr Partner/Ihre Partnerin soll aber wissen (dürfen), was Sie während der Trennung vermissten, ersehnten, was Sie nervte und schmerzte. So kann ihm/ihr noch klarer werden, was Ihnen in den Phasen der räumlichen Trennung durch den Kopf ging. Und er/sie kann besser erahnen, wonach Sie sich besonders gesehnt haben.

**EIN ZEITLOS WICHTIGER KOMMUNIKATIONS-TIPP …**

… besonders aber für die Phasen des neuen Zusammenfindens
Denken Sie daran, dass Kritik und Negatives in etwa fünffach so deutlich bei Ihrem Partner/Ihrer Partnerin ankommen und wirken wie Lob und Positives! Versuchen Sie daher stets, zuerst zu loben und den Partner/die Partnerin wissen zu lassen, was Sie an ihm/ihr vermissen bzw. vermisst haben. Das stärkt die Beziehung.

### Trauma und Trauer: Grundbemerkungen zu besonderen Ereignissen für die Zeit nach der Rückkehr

Die Rückkehr kann beeinflusst sein durch sehr belastende Erlebnisse und Eindrücke aus der Einsatzzeit. Mögliche körperliche und seelische Verletzungen bedürfen dann einer intensiven Unterstützung und Begleitung. Dies kann auch für akute Beziehungs- und Familienprobleme in der Zeit nach dem Einsatz gelten. Professionelle Hilfe anzunehmen und zu aktivieren, ist dann niemals ein Anzeichen von Schwäche, sondern ganz im Gegenteil von Stärke.

Hier ist nicht der Raum, ausführlich auf die wichtigen Themen wie posttraumatische Belastungsstörungen (PTBS) oder das Thema Trauer, insbesondere auch Trauer von Kindern, einzugehen. Es gibt jedoch hervorragende Initiativen dazu. Schon vorab sei z. B. auf die Homepage von „Angriff auf die Seele" sowie auf die Seite des „Krisenkompass" verwiesen. Beide ermöglichen einen schnellen

Überblick im Ernstfall. So formuliert Annelie Weigant auf der Homepage von „Angriff auf die Seele" unter der Überschrift „Verletzt – wie seelische Verwundungen die Seele beeinträchtigen": „Immer in Alarmbereitschaft zu sein, bedeutet Stress. Einsatzsoldaten sind häufig im Stress. Sie verrichten ihre Arbeit in oft angespannter Atmosphäre, sie erleben Dinge, die weit außerhalb ihrer bisherigen Lebenserfahrung liegen. Davon bleibt die Seele nicht unberührt. Es ist wichtig, Stress und belastende Erlebnisse gut zu verarbeiten, Erkrankungen rechtzeitig zu erkennen und, wenn nötig, Hilfe zu suchen und anzunehmen. Je eher dies geschieht, desto besser sind die Chancen, heil davonzukommen." Zum Thema „posttraumatische Belastungsstörungen" stehen auf der genannten Homepage ein Onlinetest, Überblicksinformationen und eine Kontaktdatenbank zur Verfügung. Darüber hinaus wird später eine Auswahl von professionellen Unterstützungsprogrammen sowie Selbsthilfeinitiativen vorgestellt, die sich mit den Themen Soldat/Soldatin, Soldatenfamilie, Partnerschaft, Krisen und Auslandseinsatz beschäftigen und oft schnelle, unbürokratische Hilfe und Information bieten.

Weitere Informationen für die Zeit nach der Rückkehr und des Wiedersehens bieten Ihnen in konzentrierter Form das Kapitel 2.2 „Acht Thesen für Distanzbeziehungen im Kontext Bundeswehr", das Kapitel 3: „Zehn zentrale Spielregeln: Fit für Auslandseinsatz und Wochenendbeziehung im Kontext Bundeswehr" sowie das Kapitel 9 „Ein typischer Wochenendbeziehungs-Briefwechsel? Denkanstöße nicht nur zwischen den Zeilen". In diesen drei Abschnitten wird das neue, langsame Zusammenfinden auf je eigene Weise intensiv behandelt. Zahlreiche Hilfestellungen und Anregungen unterstützen Sie dabei, Ihre Gefühlsentwicklungen und die Ihres Partners/Ihrer Partnerin nach dem Wiedersehen besser zu verstehen und die folgenden Herausforderungen zu bewältigen.

# 8. ORIENTIERUNG UND TRAINING II: ZEITLOS WICHTIGE AUFGABEN – VON DER WOCHENENDBEZIEHUNG FÜR DEN AUSLANDSEINSATZ LERNEN

Gerade Soldaten und ihre Partner führen häufig Wochenendbeziehungen. Viele Paare und Familien führen diese sogar zusätzlich zu den Auslandseinsätzen. Das heißt, auch vor und nach den Einsätzen leben sie oft in Distanzbeziehungen, wenn auch unter anderen Bedingungen. Die folgenden Kapitel sind bewusst so angelegt, dass sie sich mit den zuvor aufgeführten Listen – auch in Zeiten der Auslandseinsätze – ergänzen. Sie behandeln wichtige Themen und Überlegungen, die auch im Kontext der Auslandseinsätze von großer Bedeutung sind. Einige wichtige Aspekte überschneiden sich und werden deshalb nochmals für die Wochenendbeziehung zusammengefasst.

## 8.1 Besonderheiten der Wochenendbeziehung im Kontext Bundeswehr

**UNTERLIEGEN WOCHENENDBEZIEHUNGEN** von Soldaten und deren Angehörigen bzw. Familien besonderen Bedingungen? Und wie wirkt es sich auf die Beziehungen aus, dass viele Paare vor und nach den Auslandseinsätzen zusätzlich Wochenendbeziehungen führen? Von den zusätzlichen Belastungen und Ängsten durch Auslandseinsätze ganz abgesehen: Die Auswirkungen auf die Beziehungen in Partnerschaft und Familie sowie auf die Angehörigen sind enorm. Umzüge, Lehrgänge, Sprachkurse, Versetzungen und Vorbereitungen für Auslandseinsätze: Diese betroffenen Paare müssen immer wieder mindestens zwei unterschiedliche Lebenswelten vereinbaren. Nicht automatisch werden allerdings die Wochenendtage zu einer unbeschwerten Beziehungszeit. Schließlich gilt es, zunächst am Freitag eine meist nicht unerhebliche und anstrengende Fahrstrecke zu überwinden. Nach Erholung und langsamem Aneinander-Gewöhnen bleibt vermeintlich nur der Samstag für alles Wesentliche. Der Sonntag wiederum steht oft schon ab Mittag im Zeichen der Vorbereitung auf die Abfahrt und die neue Arbeitswoche. Die kurze gemeinsame Zeit scheint dann bereits wieder zu Ende, obwohl den Partnern eigentlich noch einige gemeinsame Stunden verbleiben.

### Welche ist unsere gemeinsame Lebenswelt?

Was bleibt vom Wochenende für die Beziehung und gegebenenfalls für die Kinder, wenn in dieser knappen Zeit auch noch Raum für Hobby, für Freunde, aber auch Erholung von der Arbeitswoche sein soll? „Was ist überhaupt unsere gemeinsame Lebenswelt?", fragen sich die Partner oft. Ist es nicht hauptsächlich der Samstag und der Urlaub? Das wäre doch reichlich knapp bemessen. „Wochenendbeziehung bedeutet eigentlich, mindestens zwei verschiedene Leben zu leben", so sagte es eine Betroffene in einem Partnerseminar zum Thema Fernbeziehung. „Und diese sollte man so gut wie möglich immer wieder zusammenfügen, denn letztlich ist es ja doch wieder ein gemeinsames Leben. Und seit wir Kinder haben, ist es zwar bereichernd, aber nicht immer einfach auch deren Lebenswelten noch unter unseren Lebenshut zu bringen."

### Wochenendbeziehung: Chance *und* Stolperstein zugleich?

Im Rhythmus von Abschied und Wiedersehen bei einer Wochenendbeziehung ist eine Vielzahl von Chancen mit besonderem Freiraum für die persönliche Entfaltung enthalten. Zugleich aber ist der ständige Wechsel von Abschiednehmen, Entfernen, Wiedersehen und immer neuem „Aneinander-gewöhnen-Müssen" ein mühsamer Ablauf, der je nach Lebenssituation auch an die Grenzen der Belastbarkeit führen kann. Die Gefahr, sich „innerlich zu verlieren", ist auf Dauer für das Paar nicht zu unterschätzen.

### Wesentliche Fragen stellen sich für Wochenendbeziehungspaare immer wieder

Leben wir uns auseinander? Können wir uns treu bleiben? Wie bringen wir unsere Welten immer wieder zusammen? Bleiben uns nur der Samstag und der Urlaub für unser „normales" Beziehungsleben? Muss ich damit leben, dass mein Partner/meine Partnerin sehr oft nicht da ist, wenn ich ihn/sie dringend bräuchte? Gemeinsam gilt es daher für das Paar, immer wieder neu nach Antworten für diese zentralen Fragen zu suchen, damit die eigentliche Nähe unter der Distanz nicht leidet oder zumindest wieder möglich wird.

### Die zentralen Säulen der erfüllenden Wochenendbeziehung

Wesentliche Aspekte, die darüber entscheiden, ob die Wochenendbeziehung die Partner erfüllen kann oder ob die Beziehungszufriedenheit auf Dauer sinkt, sind ähnlich wie in der länger dauernden Fernbeziehung (etwa bei einem Auslandseinsatz) und doch etwas unterschiedlich. Aus diesem Grund sollen sie hier in einer knappen Zusammenfassung nochmals ausdrücklich aufgeführt werden:

- gelingende Kommunikation – auf Distanz und in der Nähe – immer neu pflegen
- gemeinsam den Stress bewältigen: Zeitinseln für Streit und Zärtlichkeit, für Nichtstun und Spontaneität, für Liebe und Wut, für Intimität, Geborgenheit, aber auch Traurigkeit ermöglichen – trotz knapp bemessener, gemeinsamer Zeiten
- um eine erfüllende Sexualität ringen und lernen, gemeinsam Probleme zu lösen
- und vor allem, die Partnerschaft *auch* während der Zeiten der räumlichen Trennung und eben *nicht nur* am Wochenende mit Leben füllen und gemeinsame Perspektiven schaffen.

Um diese Säulen immer neu zu ringen, wenn nötig auch zu kämpfen, ist die hohe Kunst besonders der Wochenend- und Fernbeziehung. Denn die genannten Aspekte entscheiden letztlich darüber, ob man in der Partnerschaft insgesamt, bei allen normalen Höhen und Tiefen, ein erfülltes Beziehungs- und Familienleben erlebt oder eben unzufrieden ist – und damit auf Dauer die Partnerschaft gefährdet.

### Gelingende Partnerschaft und Bundeswehr – wichtige Merksätze für die Wochenendbeziehung

Der folgende Vorschlag ist für viele Soldaten nur schwer oder nicht realisierbar. Dennoch soll diese Erkenntnis aus der Forschung hier ausgeführt werden. Denn der Gedanke verweist auf einen wichtigen Aspekt für die erfüllende Wochenendbeziehung, der, je nach persönlichen und beruflichen Möglichkeiten, eigener Lösungen bedarf:

**Wenn Sie eine Wochenendbeziehung führen, sollten Sie versuchen, etwa alle sechs bis acht Wochen ein langes Wochenende als gemeinsame Zeitinsel umzusetzen, um**

genug Raum für die wichtigen Säulen der Fernbeziehung (siehe Kapitel 2) zu haben. Auf Dauer nur das Wochenende und einen gemeinsamen Urlaub zu verbringen, ist für viele Paare zu wenig. Daher lohnt es sich, für diese wichtigen „Insel-Tage" das Urlaubskontingent zu nutzen. Besonders geeignet ist ein freier Montag! So wird der gemeinsame Sonntagabend gewonnen, an dessen Ende nicht sofort wieder der Alltag steht. Unterbrochen wird auch der Trott des „entfernten Wochenbeginns" und die folgende, getrennte Woche wird verkürzt. Ein freier Montag wirkt für viele oft noch bereichernder als ein freier Freitag. Welcher Tag sich letztlich als am günstigsten herausstellt oder ob dies während der derzeitigen Verwendung überhaupt möglich ist, muss natürlich jedes Paar für sich selbst herausfinden und klären.

Entwickeln Sie nach Möglichkeit ein Ritual, das es Ihnen erlaubt, beim Wiedersehen langsam zueinanderzufinden. Denken Sie daran, dass sich oft die Heimkehrenden daheim zunächst als Gast fühlen.

## Inspiration für die Wochenendbeziehung

Die folgenden Aufgaben helfen, Grundsätzliches und Wichtiges für das Gelingen der Beziehung zu bedenken und zu erarbeiten. Es handelt sich um wichtige Aspekte, die, anders als die Fragen in Kapitel 7, meist unabhängig vom Zeitpunkt der eigenen Fernbeziehungsphase von Bedeutung sind. Sie können diese Fragen entweder an einem Stück beantworten oder über mehrere Wochen auf die genannten Wochentage verteilen. Wie bereits im vorherigen Kapitel erwähnt, sollten Sie darauf achten, dass Ihnen die Aufgaben guttun. Nur Sie selbst können mit Ihrem Partner/Ihrer Partnerin letztlich einen Nutzen aus den Überlegungen, Erkenntnissen und Beobachtungen ziehen. Nutzen Sie diese Quelle, indem Sie die erarbeiteten Auflistungen immer wieder zur Hand nehmen und auch später darin nachlesen. Sie können darin im Rückblick – aber auch im Ausblick – wie in einem Tagebuch Erkenntnisse finden, die für die Zukunft von Bedeutung sind. So können Sie Veränderungen erkennen, aber auch gute Ideen und Ratschläge, die keiner besser geben kann als Sie selbst. Einige der Listen laden geradezu ein, sie mit dem Partner/der Partnerin abzugleichen, um sich gegenseitig die Augen zu öffnen. Andere Gedanken gehören vielleicht besser nur Ihnen selbst.

**Der Austausch mit dem Partner/der Partnerin**

Diese Listen eignen sich auch bestens, um sie per Post zu senden. Besprechen Sie dann, ob Sie sie möglichst gleichzeitig abschicken, oder finden Sie einen anderen geeigneten Umgang und Zeitpunkt, der für Sie passt. Wichtig ist, dass beide dafür körperlich ausgeruht sind. In erschöpften oder gestressten Zeiten ist der Umgang damit oft schwieriger.

# 8.2 Montags- und Dienstags-Aufgaben: zeitlos wichtige Fragen der Wochenend-beziehung

**NEHMEN SIE SICH DIESE AUFGABEN** an Montagen oder Dienstagen vor. Einerseits sind dann Ihre (gemeinsamen oder getrennten) Wochenenderfahrungen noch frisch. Andererseits läuft die getrennte Woche an, was von Ihnen ein besonderes Maß an „Funktionieren-Müssen" erfordert. Montag und Dienstag bilden also oft eine Brücke zwischen dem gemeinsamen Wochenende und der Woche ohne den Partner/die Partnerin. Beide Impulse können in die folgenden Aufgaben einfließen. Bestens geeignet sind die Aufgaben auch für Wochenenden in der Zeit von Auslandseinsätzen, wenn Sie Ihren Partner/Ihre Partnerin nicht sehen können

> **AUFGABE 1**
>
> Was kann mich in meiner Distanzbeziehung in der gegenwärtigen Phase generell entlasten und unsere (Fern-)Beziehungsqualität verbessern helfen? Worauf sollte ich dabei achten?
>
> ...........................................................................................................................
>
> ...........................................................................................................................
>
> ...........................................................................................................................
>
> ...........................................................................................................................

**AUFGABE 2**

Mit welchem Verhalten könnte ich unsere derzeitige Phase erleichtern, wie erschwere ich sie für uns?

................................................................................

................................................................................

................................................................................

................................................................................

**AUFGABE 3**

Mit welchem Verhalten könnte mein Partner/meine Partnerin unsere Beziehung verbessern? Wie erschwert er sie?

................................................................................

................................................................................

................................................................................

................................................................................

................................................................................

**AUFGABE 4**

Welche Wünsche und Ängste sollte ich derzeit meinen Partner/meine Partnerin wissen lassen, damit er/sie weiß, woran er/sie ist?

................................................................................

................................................................................

................................................................................

................................................................................

................................................................................

**AUFGABE 5**

Was stört meinen Partner/meine Partnerin an mir? Versetzen Sie sich in die Lage Ihres Partners/Ihrer Partnerin. Machen Sie sich eine Liste von drei Aspekten, von denen Sie sich vorstellen können, dass sie Ihren Partner/Ihre Partnerin an Ihrem eigenen Verhalten derzeit am meisten stören:

1. ........................................................................................................................

2. ........................................................................................................................

3. ........................................................................................................................

**AUFGABE 6**

Was ersehnt bzw. erhofft sich Ihr Partner/Ihre Partnerin derzeit wohl am meisten von Ihnen? Nennen Sie drei Aspekte:

1. ........................................................................................................................

2. ........................................................................................................................

3. ........................................................................................................................

## Veränderungswünsche als Erkenntnisquelle:

Veränderungswünsche aufzuschreiben, erfordert Mut. Bedenken Sie zudem, dass das Zusammensein – sowohl auf die Ferne als auch in der Nähe – das Akzeptieren der Eigenheiten und der Wünsche des Anderen erfordert. Zugleich ist bedeutsam, sich an die Lebensvorstellungen des Anderen anpassen zu können. Wichtig ist auch, dem Anderen damit nicht einfach nur eine Verantwortung zu übertragen, für die Sie eigentlich selbst zuständig sind. Denn Sie können niemals Ihren Partner/Ihre Partnerin ändern, sondern nur sich selbst. Dann aber werden auch Veränderungen in der Partnerschaft leichter möglich!

Formulieren Sie nun Ihre derzeitigen größten Veränderungswünsche für Ihre Beziehung. Es kann sich dabei um Grundsätzliches wie Schlichtes handeln. Sie entscheiden, was derzeit wichtig für Sie ist.

**AUFGABE 7**

Mein wichtigster Veränderungswunsch,
damit mich unsere Distanzbeziehung
besser erfüllen kann, ist:

.................................................

.................................................

.................................................

**AUFGABE 8**

Was an dem zuvor genannten
Veränderungswunsch ist vielleicht
sogar kurzfristig realisierbar, was
davon bedarf einer längeren
Planung? Wie kann ich dazu
beitragen, dass diese Veränderung
zumindest langfristig möglich wird?

........................................................................................................

........................................................................................................

........................................................................................................

........................................................................................................

**AUFGABE 9**

Nun überlegen Sie: Was könnte derzeit der wichtigste Veränderungswunsch meines Partners/meiner Partnerin sein?

........................................................................................................

........................................................................................................

........................................................................................................

........................................................................................................

........................................................................................................

Tauschen Sie diese Wünsche aus. Lassen Sie sich überraschen, wie Ihr Partner/Ihre
Partnerin seine/ihre Wünsche formuliert, ob er/sie Ihren wichtigsten Wunsch
kennt und wie er/sie Ihre Einschätzung beurteilt.

## AUFGABE 10

Kritik annehmen zu lernen ist eine wesentliche Voraussetzung dafür, dass Paare miteinander reifen können. Formulieren Sie ganz grundsätzlich (und möglichst in einer unbelasteten Lebensphase), in welcher Form Sie sich Kritik von Ihrem Partner/Ihrer Partnerin wünschen, damit Sie sie besser annehmen können. „Beschenken" Sie Ihren Partner/Ihre Partnerin mit dieser Liste zu gegebener Zeit und bitten Sie ihn/sie um eine ebensolche Auflistung, wie er/sie sich Kritik von Ihnen „wünscht".

.................................................................

.................................................................

.................................................................

.................................................................

**Auch in der Wochenendbeziehung kann sich ein unguter Alltag einspielen: Sie sehnen sich meist so sehr nach Nähe, dass sich – trotz des ständigen Abstandes – zu wenig Distanz einzuschleichen beginnt. Das heißt, dass sich die Partner insbesondere am Wochenende zu wenig Freiraum für sich selbst, das Hobby oder andere Menschen lassen, weil der Eindruck entstehen könnte, das Versäumte aufholen zu müssen.**

## AUFGABE 11

Entwickeln Sie eine grundsätzliche Strategie: Worauf muss ich achten, damit mein Partner/ meine Partnerin Kritik von mir annehmen kann?

.................................................................

.................................................................

.................................................................

.................................................................

.................................................................

## AUFGABE 12

**ZWISCHEN Bilanz**

Machen Sie eine Liste mit drei schwierigen Zeiten, die Sie miteinander überstanden haben – und vergleichen Sie die folgenden beiden Aufgaben mit den Einschätzungen Ihres Partners/Ihrer Partnerin.

1. .............................................................

2. .............................................................

3. .............................................................

**AUFGABE 13**

**ZWISCHEN Bilanz**

Was waren drei wesentliche Lehren, die Sie aus diesen Phasen ziehen konnten? Was können Sie daraus für kommende Krisenzeiten lernen und anwenden?

1. ............................................................................................

2. ............................................................................................

3. ............................................................................................

**AUFGABE 14**

**ZWISCHEN Bilanz**

Ziehen Sie eine „kleine Bilanz" darüber, welche Vorteile Ihre Partnerschaft bietet: Was genießen Sie derzeit an Ihrer Fernbeziehung am meisten? Nennen Sie drei Aspekte:

1. ............................................................................................

2. ............................................................................................

3. ............................................................................................

**AUFGABE 15**

Benennen Sie fünf grundlegende Gegebenheiten, die Sie derzeit an Ihrem Partner/ Ihrer Partnerin und dieser Partnerschaft besonders schätzen.

1. ............................................................................................

2. ............................................................................................

3. ............................................................................................

4. ............................................................................................

5. ............................................................................................

Wenn Sie die vorangehenden Antworten Ihren Partner/Ihre Partnerin immer wieder wissen lassen, bewirkt es bisweilen „kleine Wunder". Denn nichts wird so regelmäßig vergessen mitzuteilen, als das, was ich an meinem Partner/meiner Partnerin schätze.

# 8.3 Mittwochs-Aufgaben: mittelfristig gemeinsame Perspektiven erarbeiten und Kompromisse finden

**MANCHE FRAGEN STELLEN** sich für Partner in Pendlerbeziehungen immer wieder: Wann sehen wir uns wieder? Wo treffen wir uns und wo leben wir hauptsächlich? Wie oft sehen wir uns? Wie viel Zeit verbringen wir beim Wiedersehen miteinander? Wie lange können und wollen wir überhaupt eine Distanzbeziehung führen? Wollen wir heiraten, wollen wir Kinder? Wollen wir mittel- oder langfristig umziehen oder näher zusammenleben? Oft gibt es zu diesen Themen unterschiedliche Vorstellungen. Daher ist es für die Partner enorm wichtig, gemeinsame Perspektiven zu entwerfen und zu lernen, diese immer wieder anzugleichen. Kompromisse zugunsten langfristiger gemeinsamer Perspektiven erfordern immer wieder kreative Ausrichtungen und neue Lösungen. Für das Beispiel des Wohnorts und der Arbeitsstellen soll dafür die Kompromissklärung aufgezeigt werden.

In diesem Sinn ist es wichtig, die für Sie wichtigen Fragen zu klären, die helfen, gemeinsame Perspektiven zu entwerfen.

### AUFGABE 16

Grundsätzliches für unsere gemeinsamen Perspektiven: Welche Kompromisse werde ich bezüglich Wohnort oder Arbeitsstelle voraussichtlich eingehen müssen, damit unsere Partnerschaft Bestand haben und uns beide trotz der Entfernungsphasen erfüllen kann?

........................................................................

........................................................................

........................................................................

........................................................................

........................................................................

**AUFGABE 17**

Welche der oben genannten Aspekte dieses Kompromisses fallen mir besonders schwer?

.......................................................................................................................

.......................................................................................................................

.......................................................................................................................

.......................................................................................................................

.......................................................................................................................

**AUFGABE 18**

Welche Kompromisse wird wohl mein Partner/meine Partnerin in Bezug auf Arbeitsstelle und Wohnort eingehen müssen, damit unsere Partnerschaft Bestand haben und uns erfüllen kann?

.......................................................................................................................

.......................................................................................................................

.......................................................................................................................

.......................................................................................................................

.......................................................................................................................

**AUFGABE 19**

Welche Aspekte dieses Kompromisses fallen meinem Partner/meiner Partnerin vermutlich schwer?

.......................................................................................................................

.......................................................................................................................

.......................................................................................................................

.......................................................................................................................

.......................................................................................................................

**AUFGABE 20**

Was an diesen Kompromissen kann der wichtigste Gewinn für unsere Partnerschaft und für mich sein?

.......................................................................................................

.......................................................................................................

.......................................................................................................

.......................................................................................................

.......................................................................................................

**AUFGABE 21**

Was sollte zwischen meinem Partner/meiner Partnerin in Bezug auf diesen Kompromiss klar sein?

.......................................................................................................

.......................................................................................................

.......................................................................................................

.......................................................................................................

.......................................................................................................

**Ein Merksatz zu langfristigen Perspektiven in der Wochenendbeziehung (aber auch im Kontext von Auslandseinsätzen):**

Ideal wäre es, wenn jeder der Partner mit den neuen Entscheidungen und Ausrichtungen auch ein wenig „gewinnt", um zugleich einen Verlust leichter annehmen zu können. Der ideale Kompromiss ermöglicht eine so genannte „Win-Win-Situation". Das bedeutet, dass beide Partner das Gefühl haben, durch die neuen oder anzustrebenden Gegebenheiten etwas für sich, aber auch für die Beziehung, gewonnen zu haben!

# 8.4 Donnerstags-Aufgaben: eine kreative Ideensammlung für schöne Momente erarbeiten

**ALS BRÜCKENTAGE** zwischen Abschied und Wiedersehen sind der Mittwoch und der Donnerstag oft angefüllt vom Funktionieren während der Woche. Zugleich aber kommt der Gedanke an das Wochenende immer deutlicher auf. Der Übergang der Wochenmitte in die vorbereitenden Gedanken zum Wochenende ist ideal, um kreative Anregungen zu finden, mit der Sie die Partnerschaft bereichern können. Machen Sie eine Ideensammlung, überlegen Sie sich mögliche Rituale und Anregungen für Überraschungen, die Sie gegenseitig bereichern. Beispiele können sein:

- Schicken Sie eine Karte oder E-Mail als Vorbereitung für das Wiedersehen (z. B. mit dem Text: „Ich freu mich schon jetzt auf Freitag!").
- Hinterlegen Sie kleine Botschaften, z. B. auf einem Zettel, die der Partner/die Partnerin erst im Verlauf der Distanzzeit findet.
- Verstecken Sie eine Abschiedsblume, die erst im Lauf des Abschiedstags auftaucht.
- Entwickeln und pflegen Sie Rituale: ein regelmäßiger gemeinsamer Spaziergang beim Wiedersehen (erleichtert das Ankommen und den Neubeginn); ein fester gemeinsamer Ort (etwa ein Café), um Versöhnung zu feiern bzw. sich auszusprechen; der regelmäßige Gottesdienstbesuch am Sonntag mit gemeinsamem Beten etc.
- Machen Sie ein Foto z. B. von Ihren Augen und schicken Sie das Bild mit der Nachricht: „Ich bin dir auch auf die Entfernung mehr als nur einen Augen-Blick lang nah!"
- Erstellen Sie eine Liste der wichtigsten „Banalitäten" oder „1b-Themen", die Ihnen immer wieder einfallen und die Sie bei Gelegenheit mit dem Partner/der Partnerin klären wollen. Diese Themen werden oft über Wochen und Monate verschoben, da sie nicht wichtig genug scheinen. Durch eine solche Liste werden die „1b-Themen" festgehalten und systematisiert. Denn langfristig können sich solche vermeintlichen Banalitäten zu echten Belastungen auswachsen, weil sie irgendwann umso intensiver und unvorhersehbar wieder auftauchen.

- Wenn Ihr Partner/Ihre Partnerin erkrankt, machen Sie ihm/ihr ein Genesungs-Paket: etwa mit einem Erkältungsbad, Vitamintabletten, (Trocken-)Obst, Zeitschriften, einem Hörbuch. Schicken Sie dann das Paket am besten per Express.
- Überraschungen sind generell inspirierend. **Das wichtigste Geschenk in einer Fernbeziehung aber ist Zeit.** Beschenken Sie Ihren Partner/Ihre Partnerin immer wieder damit. Sie sollten jedoch klären, dass er/sie die Zeit auch nutzen kann und nicht schon verplant ist. Ein überraschend gemeinsam verbrachter Sonntagabend ist nicht nur eine unendlich wichtige Zeitinsel, sondern bricht auch den gewohnten Trott der Fernbeziehung auf.

### AUFGABE 22

Sie selbst kennen sich am besten: Welche Ideen haben Sie, wie Sie Ihre Partnerschaft derzeit und generell bereichern können?

....................................................................................................

....................................................................................................

....................................................................................................

....................................................................................................

## 8.5 Freitags-Aufgaben und für Wochenenden ohne Wiedersehen: ein „Notfall-Paket" für schwierige Fernbeziehungszeiten vorbereiten

**FREITAGE SIND BEI EINEM WIEDERSEHEN** beflügelt von Vorfreude, oft aber auch belastet von der nicht selten langen Wartezeit aufeinander, von Vorbereitungen und Planungen. Eine ganz eigene Qualität haben Wochenenden, an denen sich die Fernbeziehungspartner nicht sehen können. Daher bieten die Wartezeiten an Freitagen und vor allem an Wochenenden ohne Wiedersehen, im weniger angenehmen

Sinn des Worts „Frei-Tage", auch eine ganz eigene Gelegenheit, ein Notfall-Paket zu entwickeln, das schwierige Fernbeziehungszeiten erleichtern kann.

Können traurige Zeiten vorbereitet werden? Ist dann nicht ohnehin alles unvorhersehbar? Tatsächlich haben Forscher herausgefunden, dass eine Vorbereitung auf mögliche Krisen sehr hilfreich ist. Wenn solche belastenden Situationen dann tatsächlich eintreffen, können sie deutlich besser gestaltet und bewältigt werden.

Indem Sie sich nun auf die Gestaltung Ihres „Notfall-Pakets" einlassen, bedenken Sie positive wie negative Erfahrungen im bisherigen Bestehen schwieriger Zeiten und Ereignisse. Schon die Auseinandersetzung mit diesen möglichen Schwierigkeiten wird Sie bereichern. Die Erinnerung an bisher gut überstandene Situationen sowie die Kreativität, damit umzugehen, verblassen in belasteten Zeiten. Umso wichtiger ist es, vorher festzuhalten, welche Verhaltensweisen, welche Orte und welche Menschen Ihnen nun besonders guttun, damit sie Ihnen die schweren Zeiten erleichtern. Dieses Notfall-Paket ist also eine kreative Inspirationsbox, eine Erinnerung für etwas traurige Zeiten, wenn die Fernbeziehung besonders schmerzt. Es geht dabei nicht um „billigen Zauber", sondern um Ideen, Mosaiksteine, deren Wirksamkeit von Ihnen bereits erlebt wurde. Ihre Erfahrungen aus der Vergangenheit, gekoppelt mit Fantasie, sollen hier genutzt werden für mögliche „Not-Fälle". Allerdings sind die Inhalte des Pakets nicht wie eine unabänderliche Regel zu verstehen. Vielmehr kann diese Box in grauen Zeiten eine heilsame Unterstützung sein. Wichtig ist schließlich eine Erinnerung für Sie selbst (z. B. anhand eines Notizzettels), dass es diese Box gibt. Übrigens: Schon alleine das Wissen, dass es diese Notfall-Kraftquelle als kleinen „Rettungsanker" gibt, lässt einen bisweilen die „leichtere Traurigkeit" besser ertragen. Ob die Box dann wirklich zum Einsatz kommt, bleibt allein Ihnen überlassen. Nutzen Sie dafür auch die Antworten aus Kapitel 7.3.

**AUFGABE 23**

Erkenntnisse für das „Notfallpaket": Notieren Sie fünf Aktivitäten, von denen Sie aus Ihrer bisherigen Erfahrung sagen können, dass sie eine tröstende, Kraft spendende oder heilsame Wirkung haben. Es muss nichts Großartiges sein; Kleinigkeiten haben bisweilen eine eigene Energie (z. B. ein besonderer Badezusatz, Saunagänge, Massagen, Sport, Solarium, eine heiße Schokolade, ein Spaziergang auf einem besonders wohltuenden Weg ...).

1. ........................................................................................................................................

2. ........................................................................................................................................

3. ........................................................................................................................................

4. ........................................................................................................................................

5. ........................................................................................................................................

**AUFGABE 24**

Machen Sie sich eine Liste mit fünf Orten, von denen Sie wissen, dass diese „Wohl-
fühlplätze" für Sie eine besondere Kraft bereithalten. Das kann ein besonderes Café
sein, eine Kapelle oder eine Kirche, ein spezieller Ort in der Natur …

1. ........................................................................................................................................

2. ........................................................................................................................................

3. ........................................................................................................................................

**AUFGABE 25**

Musik hat eine verstärkende Kraft für Emotionen. Meist kennen wir
Musikstücke oder Lieder, die für uns eine besondere Aussagekraft
oder Melancholie ausstrahlen. Daher: Stellen Sie sich Ihre eigene
Energie-Musik-CD zusammen, mit der Sie gerade schwierige Phasen
ein wenig erleichtern können. Machen Sie sich eine Liste mit Titeln,
von denen Sie wissen, dass sie helfen, Lebensfreude zu aktivieren.
Dabei handelt es sich nur um Kleinigkeiten. Aber sie können ein Mo-
saikstein sein, schwierige Zeiten besser zu bestehen.

........................................................................................................................................

........................................................................................................................................

........................................................................................................................................

........................................................................................................................................

........................................................................................................................................

........................................................................................................................................

**AUFGABE 26**

Vorbereitungs-Aufgabe (für die Notfallbox) vor dem Abschied:

Besorgen Sie sich folgende Gutscheine (die Verwendung wird später erklärt):

- einen Gutschein für ein Frühstück in einem Café, das Sie besonders mögen.
- einen Gutschein für eine Massage.
- einen Gutschein für den Eintritt zu einer Einrichtung, die Sie schon länger aufsuchen möchten, z. B. ein Museum.
- einen Gutschein für einen Eintritt in ein Thermal- oder Schwimmbad.
- einen Gutschein für einen Kino- oder einen Theaterbesuch, wobei Sie den konkreten Termin – wenn möglich – offen lassen.

**AUFGABE 27**

Nun überlegen Sie noch: Was hat Ihnen in schwierigen Zeiten genützt? Welche Erfahrungen haben Sie gemacht, die in Ihrer eigenen „Notfallbox" als Erinnerung, Kraftquelle oder Inspiration vertreten sein sollten? Denken Sie wieder daran: Niemand kennt Sie so gut wie Sie sich selbst. Niemand sonst kann Sie deshalb gerade in unbeschwerten Zeiten so gut beraten.

.............................................................................................................................

.............................................................................................................................

.............................................................................................................................

.............................................................................................................................

.............................................................................................................................

**AUFGABE 28**

Ein Perspektiven-Wechsel für „enge Zeiten" – Reisen und Ausflüge: Machen Sie sich noch eine Liste von Reisen bzw. Fahrten oder Ausflügen zu Orten, die von der Entfernung und vom organisatorischen Aufwand her kein größeres Problem darstellen, wo Sie aber ausgesprochen gerne sind. Schreiben Sie dahinter jeweils ein Gefühl, das Sie mit diesem Ort verbindet:

.............................................................................................................................

.............................................................................................................................

.............................................................................................................................

**AUFGABE 29**

Meine zwei wichtigsten Ratschläge von mir an mich selbst, wenn ich auf bisherige Krisenzeiten in meinem Leben zurückblicke und an die kommende Zeit denke:

......................................................................................

......................................................................................

......................................................................................

## Die „Spielregeln" für die Notfallbox:

Nehmen Sie nun die Gutscheine, die wichtigsten Ergebnisse der Aufgaben, z. B. die Musik-CD (Kapitel 8, Aufgabe 25), sowie die Erkenntnisse aus Ihren „Trainingslisten" (in Kopie oder Original). Dazu gehört auch die Auflistung von Menschen, die Ihnen während der Trennungszeit guttun (vgl. Liste „Vor der Abreise" – Kapitel 7, Aufgabe 12 – und „Während des Entfernt-Seins" – Aufgabe 25). Ebenso ist die „Arbeits-Liste" („Vor der Abreise" – Kapitel 7, Aufgabe 19) für die Box wichtig – mit den zehn Aktivitäten, die Ihnen besonders guttun, wenn Sie ausgesprochen traurig sind. Packen Sie alles zusammen, z. B. in einen Schuhkarton. Beschriften Sie den Umschlag und verschließen Sie das Paket, so dass es nicht ohne weiteres von selbst aufgehen kann und auch nicht von Anderen versehentlich geöffnet wird. Bedenken Sie aber zugleich, dass Sie selbst die Notfallbox ohne große Schwierigkeit öffnen können. Nun verstauen Sie die Box an einem Ort, den Sie nicht allzu häufig besuchen, der aber trotzdem leicht zugänglich ist. Zuletzt denken Sie bitte an den „Reminder", also den Erinnerungszettel, dass es diese Box gibt. Wichtig ist es dabei die Ablaufzeiten der Gutscheine zu berücksichtigen. Die Erinnerung bringen Sie an einem unauffälligen Ort an, wo Sie auf diese kleine, ganz persönliche Kraft-Quelle für eventuell schwierige oder traurige Zeiten aufmerksam werden. Sie werden selbst einschätzen können, wenn ein

Zeitpunkt gekommen ist, an dem Sie mehr oder weniger dringend „Unterstützung" aus der Notfallbox benötigen. Sie können sich dann gezielt der eigenen Anregungen bedienen und sich selbst beschenken. Oder Sie greifen blind in die Box hinein und überlassen es dem Zufall, welche Anregung Sie erhalten.

Diese Aufgaben für ein „Notfall-Paket" beziehen sich ausdrücklich nicht auf Zeiten existenzieller Belastungen. Auch wenn sie dafür durchaus Unterstützung ermöglichen, so sind sie doch insbesondere als Inspiration für „kleinere Krisen" und melancholische Phasen in der Distanzbeziehung gedacht.

# 9. EIN TYPISCHER WOCHENENDBEZIEHUNGS-BRIEFWECHSEL? DENKANSTÖSSE NICHT NUR ZWISCHEN DEN ZEILEN

Wie könnte ein typischer Briefwechsel eines Wochenendbeziehungspaars aussehen? Gibt es wiederkehrende Themen, Schwierigkeiten und Chancen, die dort zur Sprache kämen? Und inwiefern könnten Sie sich mit ihrer einzigartigen Partnerschaft darin wiederfinden, wo würden Sie für sich heftig widersprechen oder woraus könnten Sie eine Hilfestellung beziehen?

Während die vorhergehenden Kapitel eher theoretisch orientieren und informieren oder zum Schreiben inspirieren wollen, erzählt der folgende Briefwechsel unmittelbar aus dem Leben eines Wochenendbeziehungspaars. Er unterscheidet sich somit deutlich von den anderen Abschnitten des Buchs – und ergänzt sie doch auf besondere Weise.

## 9.1 Typische Themen, typische Gefühle: von Sehnsucht bis Eifersucht

**DIESES KAPITEL MÖCHTE IHNEN** Denkanstöße für Ihren Austausch mit dem Partner/der Partnerin geben. In manchen der geschilderten Briefe finden Sie sich als Leser/Leserin vielleicht wieder, anderes erleben Sie völlig unterschiedlich oder Sie würden es für Ihre Beziehung ablehnen. In diesem Briefwechsel ist von einem Wochenendbeziehungspaar die Rede. Viele geschilderte Themen und Gefühle aber, die dabei zur Sprache kommen, sind bei längeren Trennungen, die sich über Wochen und Monate erstrecken, sehr ähnlich.

Etwa 75 Prozent der Partner in Deutschland, die pendeln oder längere Zeit von Zuhause entfernt leben, sind Männer. In etwa einem Viertel aller Distanz- und Pendlerbeziehungen sind die Frauen oder beide Partner ähnlich viel unterwegs. Bei Soldaten ist das Verhältnis der pendelnden oder entfernt vom Haupthaushalt lebenden Männer noch größer. Wer aber letztlich mehr „unterwegs" ist, ist für den folgenden Briefwechsel zwar wichtig, viele der Themen, die angesprochen werden, sind davon aber unabhängig. Entscheidend ist, dass Sie sich mit Ihrem Partner/Ihrer Partnerin über Ihre eigenen Eindrücke oder Empfindungen bezüglich dieses Briefwechsels austauschen. Das kann manche Klärung erleichtern, Anregung geben sowie als Diskussionsgrundlage dienen. In jedem Fall werden (nicht nur) zwischen den Zeilen eine Menge Tipps, Denkanstöße und Orientierungen hellhörig machen für die Chancen, aber auch für mögliche Klippen einer Partnerschaft auf Distanz.

# 9.2 Ein typischer Briefwechsel – nicht nur in einer Wochenendbeziehung!

**BRIEF 1**

*Lieber Chris,*
*eben war mal wieder für uns Abschied angesagt. So wie jede Woche am Sonntag.*
*Wieder ein lang ersehntes Wochenende so schnell vorüber. Es war traurig, als*
*du weg warst. Leere pur. Ab Mittag schon war wieder dieses dumpfe Gefühl in*
*mir, dass das Wochenende so gut wie vorbei ist. Wie so oft sonntags, wenn wir*
*zusammen sind. Dabei hatten wir noch einen halben Tag gemeinsam. Ich ärgere*
*mich über diese vorweggenommene Traurigkeit, die dann zwischen uns herrscht,*
*obwohl wir noch Zeit haben. Und doch kann ich nichts dagegen tun. Spätestens*
*mit den Überlegungen, wann du fährst oder ich fahren muss, mit der Planung,*
*wann ich da sein soll oder du in der Kaserne sein musst, und mit den Überle-*
*gungen, was die Woche so bringen wird, stehen die Zeichen auf Abschied. Dein*
*kurzer Anruf bei den Kameraden, die mit dir fahren, ist nur eine Kleinigkeit. Aber*
*dieser Moment ist für mich meist eines der Signale: das Wochenende ist vorbei.*
*Nun ist wieder Stille eingekehrt. Wir sind mal wieder beide unterwegs zu unseren*
*„anderen" Lebenswelten, ohne einander am Ort zu haben. Du bist dann meist*
*auf der Autobahn Richtung Kaserne unterwegs, ich bleibe hier und lebe mein*
*anderes Leben von dir entfernt. Und ich frage mich, was überwiegt: Die riesige*
*Freude über unser fantastisches Wochenende – oder der Schmerz, dass ich plötz-*

lich wieder alleine in der Wohnung stehe? Was ist unsere (Fern-)Beziehung? Die dichte Nähe unserer gemeinsamen Zeit? Die große Leere nach der Abreise? Die Tage während der Arbeitswoche, wenn wir beide funktionieren? Oder aber ist es die Sehnsucht und die Angst um uns?

Beinahe war das Geräusch der schließenden Türe vorhin wie ein schweres Tor, das hinter dem Wochenende zufiel. Alles hier ist noch erfüllt von unseren gemeinsamen Tagen. Viel hier erinnert an dich. Im Bad liegt dein Duft. Ich weigere mich, die Gläser von gestern wegzuräumen. Denn sie erzählen von unserem schönen Abendessen bei Kerzenschein, als wir uns nach dem sinnlosen Streit endlich wieder versöhnt hatten. Aber eine Frage zu unserem Streit beschäftigt mich noch immer: Wieso nur kommt zwischen uns diese Spannung immer und immer wieder so intensiv auf, gerade am Tag des Wiedersehens? Immer wieder diese Vorfreude, dich endlich, nach so langer Zeit, im Arm halten zu können. Und immer wieder, kaum angekommen, entsteht diese spürbare Gereiztheit, die Auseinandersetzung wegen Banalitäten, dieses Gefühl, dass wir einander so fremd geworden sind. Die Eifersucht, die die Woche über gewachsen ist …

Das aber war Freitag. Nun ist Sonntag früher Abend. Jetzt sitze ich in dieser Leere, in der ich manchmal denke, so ist es also mit einem Soldaten zusammen zu sein? Die Stille ist grauenhaft und mein erster Schritt geht zur Musikanlage, die ich laut aufdrehe, um die Sehnsucht zu übertönen … Doch daraus kommt nach wenigen Minuten ausgerechnet unser Lied. Typisch Sonntag-Abend sage ich da nur.

Ich drücke dich jedenfalls in Gedanken, deine Eva!

**BRIEF 2**

Liebe Eva,

wie recht du hast. Der Abschied war grauenhaft und die Uhr hat in Gedanken das ganze Wochenende unbarmherzig getickt. Diese gemeinsame Zeit ist so viel schneller vergangen als normale Wochentage. Mir scheint, die Uhr hat dann dreifache Geschwindigkeit und sie holt auf, was während der Woche viel zu lange gedauert hat, nämlich die Zeit bis zu unserem Wiedersehen. Wie ungerecht.

Es stimmt, ich hatte es diesmal besser. Einerseits musste ich zwar wieder die anstrengende Fahrt auf mich nehmen. Das Unterwegssein der Rückfahrt tat aber auch gut. Mit der zunehmenden Entfernung von dir wurde es zwar nicht leichter. Aber immerhin kam ich so erschöpft von der Fahrt an, dass ich dann nur noch ins Bett gefallen bin. Von hier schicke ich dir noch schnell dieses Lebenszeichen, dass ich gut angekommen bin. Und morgen muss ich ausnahmsweise nur

„Dienst nach Vorschrift" machen. Gott sei Dank. Ablenkung von dir fällt dann leichter – und damit auch die Sehnsucht. Das Beste am Wegfahren von dir ist das Abgelenkt-Sein. Ich kann dann so herrlich unserer gemeinsamen Zeit nachhängen. Kann dann nochmals alles überdenken. Als du mich vor einiger Zeit am Wochenende besucht hattest und danach heimfahren musstest, sagtest du ja sehr Ähnliches über deine Gefühle. Es ist, als könnte ich das ganze Wochenende nochmals durchleben. Und ja, ich habe es, wenn ich angekommen bin, etwas einfacher. Du musst dann manchmal die Leere füllen. Bei mir würden immerhin Kameraden warten, die alle frisch zurück von ihren Wochenenden daheim sind. Unser Streit tut mir so leid. Aber es ist bisweilen, als wäre er nötig, damit wir wieder neu miteinander anfangen können. Reinigendes Gewitter kann man das wohl nennen. Dieser Streit am Wiedersehenstag kommt mir manchmal vor, als würden unsere Beziehungskarten nach dem getrennten Alltag wieder neu gemischt. Es wäre ja auch zu schön, wenn wir uns nur wieder zu sehen bräuchten – und alles wäre immer bestens. Ich bringe meine Woche in der Kaserne mit heim zu dir, habe eine lange Fahrt in den Knochen und du wartest dann am Freitag auf meine Rückkehr. Dabei musste es ja bei dir – ich habe deinen Satz noch in den Ohren – „die ganze Woche hier auch ohne den Herrn laufen". Das Gefühl zurückzukommen liebe ich ja einerseits so sehr an uns. Meist läute ich das Ankommen mit unserem Lied ab der gleichen Stelle ein. Aber der Preis der Fernbeziehung ist schon auch immer wieder grausam hoch.

So, nun nur noch schlafen ... Sende dir einen Kuss!

**BRIEF 3**

Lieber Chris,

der Montag ohne dich war leer. Und so habe ich mich in die Arbeit gestürzt. Das tat gut – und es war richtig. Aber das „Dich-vergessen-Programm" verliert schnell an Bedeutung, wenn ich abends wieder heimkomme. Da stehen deine Blumen, hier liegt dein T-Shirt. Vieles erinnert wieder ganz schnell an dich. Aber inzwischen überwiegt die Freude über unsere schönen Tage. Gleich gehe ich Sport machen. Auch das hilft sehr. Die neue Woche hat begonnen. Wie so oft ohne dich. Auch wenn es wieder ein wenig zu romantisch klingen mag: Allzu gerne hätte ich dich nun einfach gegenüber sitzen und würde dir von meinen Erlebnissen des Tages erzählen können. Einfach so, wie ganz normale Paare. So gern würde ich mit dir nun einen ganz all-täglichen Abend verbringen wollen. Aber normale Dinge wie ein Spaziergang, einfach so, ein Kneipenbesuch, einfach so, ein Kinobesuch,

*einfach so, sind für uns eben „einfach so" nicht möglich. Oder eben viel zu selten. Aber andererseits sind diese Dinge für uns eben nicht banal, sondern ein kleines Fest. Alltäglich, zur Gewohnheit, langweilig jedenfalls werden wir zwei uns so schnell nicht werden (können). Also singe ich heute ein Lob auf die Fernbeziehung, weil es eben nicht so leicht selbstverständlich wird, dass wir uns haben – und doch, ach wie gerne hätte ich dich jetzt hier. Nur du und ich, ganz all-täglich, beim Plausch, einfach so ...*
*Ich schicke dir einen verwirrten, sehnsuchtsvollen Seufzer!*

 **BRIEF 4**

*Hallo Eva,*
*danke für deine lieben Zeilen von gestern. Wie gut ich weiß, wovon du sprichst. Auch ich war gestern Abend einfach unterwegs, um das Wochenende etwas aus dem Kopf zu bekommen. „Abstand finden" nennt man das wohl. Oder Zurück-Finden in mein anderes Leben? Nein, das gefällt mir nicht. Auch wenn wir so weit entfernt sind, so ist es doch ein und dasselbe gemeinsame Beziehungsleben, wenn auch an scheinbar drei verschiedenen Orten: du allein, ich allein, wir zu-sammen – oder??*
*Und dabei hab ich dich doch spürbar dauernd in Kopf und Herz. Heute ist ja schon Dienstag. Der Tag war stressig. Bin müde. Hab deine Stimme auf dem Anrufbeant-worter gehört und hatte prompt dieses flaue Gefühl im Bauch, weil du so uner-träglich weit weg bist. Deine heutige SMS – ich habe sie immer wieder zwischen-durch gelesen. Das hat mir Kraft gegeben. Vielen Dank für dein liebes Zeichen.*
*Ich liebe es, wenn du auf die Entfernung plötzlich für Augenblicke ganz nah bist. Und ja, das Lob auf die grausame Fernbeziehung lautet bei mir heute: Lieber sind wir uns so unglaublich nah in der Ferne, als vielleicht alltäglich fern in der Nähe? Übrigens: Morgen gibt es eine Überraschung für dich. Ich weiß ja, dass du das nicht so sehr magst, wenn du neugierig bleiben musst. Aber du wirst schon sehen.*

 **BRIEF 5**

*Hallo Chris,*
*du verrücktes Juwel, vielen lieben Dank für dieses tolle Zeichen. Als mich der Paketdienst heute während der Arbeit erreichte, kam er ein klein wenig wie ein himmlischer Bote mit deiner Überraschung an. Wow!! (Von den staunenden, neid-vollen Augen der Kollegen ganz zu schweigen.) Mitten im Alltag bist du mir dann so nah! Es ist, wie du auf der Karte geschrieben hast: Ein kleiner Wochen-Teiler,*

*damit die Zeit bis zum Wiedersehen noch schneller vergeht. Deinen Wochen-Teiler habe ich beinah den ganzen Tag nicht mehr aus der Hand gegeben. Da wird mir der Mittwoch doch plötzlich ganz sympathisch. Ich weiß leider schon fast nicht mehr, wie du dich anfühlst. Habe deshalb beschlossen, wie wir letztes Wochen-ende ja schon überlegten, dass dieses Wochenende mal wieder ich zu dir fahren werde. Noch dazu, wo du ja diesmal spät aus der Kaserne kommen wirst. Es wird höchste Zeit, dass ich loskomme. Auf die Stunden des Unterwegsseins habe ich so gar keine Lust. Aber gleichzeitig kann ich die Abfahrt kaum noch abwarten.*

*Wie absurd doch Fernbeziehung oft ist: Wir sehnen uns nach einem gemein-samen Alltag und haben doch ein wenig Angst davor, dass unsere Beziehung all-täglich werden könnte. Immerhin: Diesmal sind es ja nur Tage, bis wir uns endlich sehen – und mal keine langen vier Monate, wie während der letzten zwei Auslandseinsätze. Das ist zwar genauso schlimm. Aber bei längeren Abschnitten muss ich mich buchstäblich von dir entwöhnen – und leider auch wieder neu an dich herantasten. Und es ist ein gutes Gefühl im Notfall, im Auto oder Zug, inner-halb einiger Stunden bei dir sein zu können. Das war während der Einsätze im Kosovo und noch extremer in Afghanistan sehr viel schwieriger für mich auszu-halten, dass das eben nicht möglich gewesen wäre.*

*Es ist schon ein komischer Rhythmus, den wir leben: Mühsam gewöhne ich mich daran, alleine einschlafen zu müssen. Dann darf ich mich mühsam daran gewöh-nen, dass ich doch nur die Hälfte des Bettes – und morgens vor allem weit we-niger als die Hälfte des Bades – für mich habe. Ehe dann, wenn ich dieses Teilen mit dir endlich wieder als selbstverständlich fühle, der Platz wieder leer bleibt. Wie absurd. Und wie gesagt: Diesmal sind es ja nur noch wenige Tage! Übrigens: Habe heute deine Karte unter dem Couchkissen gefunden. Habe mich sooo ge-freut. Vielen Dank!! Diese Momente zeigen mir dann aus heiterem Himmel, dass wir auch getrennt zusammen sind.*

*Bis sehr bald!*

**BRIEF 6**

*Lieber Chris,*
*lese gerade ein Buch mit dem Titel „Gelingende Fern-Beziehung". Der Autor schreibt, dass Paare in Fernbeziehung das lernen, worauf es ankommt, damit die Beziehung auf Dauer lebendig bleibt. Von wegen gelingende Kommunikation, bleibende Intimität und Solidarität, erfüllende Sexualität, Probleme lösen und so weiter. Der hat leicht reden! Was hilft all die Kommunikation, wenn ich dich jetzt*

*einfach gerne da hätte? Von den anderen Kompetenzen, von denen er schreibt, ganz zu schweigen. Was hilft es mir, dass wir lernen, worauf es später ankommt, wenn ich jetzt die Sehnsucht nach dir kaum mehr aushalte? Na ja, es bleibt mir die Vorfreude … Vielleicht sollte ich dem Autor mal schreiben, wie schwierig es ist, was er als vermeintlich so große Chance der Sehnsucht beschreibt.*
*Kuss durch die Nacht*

 **BRIEF 7**

*Lieber Chris, nochmals ich,*
*habe eine schlaflose Nacht hinter mir. Mir ging so viel durch den Kopf. Wie lange das mit uns auf die wechselnde Nähe und Distanz gut geht. Ob wir uns ausein- anderleben, ob wir einander treu sein können usw. Zumal mich die ganze Zeit die Frage nach der Sehnsucht und die mörderische Eifersucht beschäftigt hat, über die wir ja am letzten gemeinsamen Wochenende gesprochen haben. Erinnerst du dich an das Fernbeziehungsbuch, von dem ich dir geschrieben habe? Ich habe die vergangene Nacht einen Entschluss gefasst, nachdem ich das fünfte Mal unge- duldig auf die Uhr geblickt hatte. Ich habe mich, da ich bei so viel Gefühlschaos ohnehin nicht schlafen konnte, morgens um halb vier aufgerafft, einen frühen Kaffee vor mich gestellt und an den Autor des Buchs einen Brief geschrieben. Hab mir sozusagen all den Fernbeziehungs-Sehnsuchts-Frust von der Seele geschrie- ben – und dann wie ein Stein ab fünf Uhr geschlafen. Bin noch nicht sicher, ob ich den Brief absenden soll. Was meinst du?*
*Schicke dir einen schnellen Kuss!*

 **BRIEF 8**

*Hallo Eva,*
*in der Theorie hört sich bestimmt manches einfacher an, als es dann im Alltag wirklich ist. Ob der Autor diese kaum auszuhaltende Unsicherheit und Sehnsucht kennt? Ob er diese unendliche Vorfreude kennt, die dann manchmal so grausam mit Streit enttäuscht wird? Ob er diese schrecklichen Abschiedsmomente, meist am Sonntagmittag, kennt?*
*Ich glaube, letztlich muss doch jeder selbst damit klarkommen, ob er eine Fern- beziehung aushält, oder? Aber um deine Frage zu beantworten: Ich würde den Brief, den du geschrieben hast, allemal abschicken. Was kannst du schon verlie- ren? Aber ein wenig eifersüchtig bin ich ja schon, dass ich nicht weiß, was du da- rin schreibst über den, wie du es nennst, „Fernbeziehungs-Sehnsuchts-Frust" …*

Aber auch das scheint mir für eine Beziehung wie unsere typisch zu sein: Ich muss einfach akzeptieren, dass ich bei aller Verbundenheit eben nicht an deinem ganzen Leben vor Ort teilnehmen kann. Das ist schade, aber vielleicht normaler als es für uns als Fernbeziehungspaar scheint. Letztlich müssen wir ja nicht immer nebeneinander durchs Leben gehen. Es genügt oft zu wissen, wie ich es mal in einem Sprichwort las, dass wir in Blickweite zueinander in dieselbe Richtung unterwegs sind.

## BRIEF 9

*Hallo Chris, stell dir vor, ja, ich lebe noch!*

*Deine DREI vorwurfsvollen Anrufe gestern Abend auf dem Anrufbeantworter und heute die E-Mails, die ich in der Arbeit vorfand (die letzte von dir um vier Uhr morgens geschrieben!), haben mich, ehrlich gesagt, ziemlich genervt, um nicht zu sagen: gelangweilt. Ich finde, du machst es dir einfach, wenn du mir – dich selbst entschuldigend – schreibst, dass es doch ein Zeichen deiner Liebe sei, wenn du besorgt um mich bist.*

*Du wirst es nicht glauben, aber ich bin auch mal nicht erreichbar. Ich frage dich doch auch nicht jeden Tag ganz genau ab, was du mit deinen Kameraden machst, wenn du die Kaserne verlässt. Das muss doch bitte auch bei mir möglich sein. Übrigens auch dann, wenn ich mal nicht mit einer anderen Soldatenfrau unterwegs bin, die du kennst. Ich antworte auch mal nicht auf jede SMS, jeden Anruf und jegliches Zeichen von dir. Oder schickst du mir deine Zeichen, um sofort zu deiner Beruhigung meinen Dank dafür zu erhalten? Dann kannst du sie dir auch sparen! Und so viel Vertrauen solltest du aufbringen können, dass eine Sendepause nicht gleich Beziehungspause bedeutet. Oder?*

*Ich war unterwegs vorgestern, ja. Ich war essen, ja. Und dann soll es tatsächlich vorkommen, dass es euch später werden kann, wenn ich mit anderen Menschen etwas unternehme. Ich gebe zu, dass ich mich gestern vor Wut absichtlich nicht gemeldet habe. Diesen Abstand habe ich gebraucht. Auch wenn wir auf die Distanz ein Team sind, so muss ich doch gerade während der Woche ohne dich ICH SELBST sein können. Und ich betrachte das nicht als Fehler oder schlechte Eigenschaft, sondern als notwendig in einer Fernbeziehung.*

*Es stimmt, was du bei einem dieser Anrufe auf meinen Anrufbeantworter gesprochen hast: dass ich mich abmelden könne, wenn es länger geht. Und wie du weißt, mache ich das meistens. Umso mehr sollte es in Ordnung sein, dass auch mal nichts von mir kommen kann. Zumal mir das Wort „abmelden" schon*

*ein Graus ist. Übrigens auch, wenn ich mit Freunden oder Freundinnen ausge-
he, die du eben nicht magst – oder bei denen du Bedenken hast. Mein Leben
muss nämlich während der Woche auch ohne dich weitergehen. Und nochmal
zum Wort „abmelden": Dass du manchmal bei mir deine Soldatensprache an-
wendest, das nervt. Du sagst, das sei ja nicht böse gemeint und dass es nun
mal Teil Deines Lebens sei. Ich weiß. Und dahinter stehe ich ja auch. Aber dennoch stört es mich, wenn du nicht unterscheidest, wie du in der Kaserne oder
daheim mit mir sprichst.*

*Kannst du dir vorstellen, wie es mich wütend gemacht hat, nach einem schönen
spontanen Abend gutgelaunt heimzukommen – und dann deine zunehmend an-
klagenden Anrufe wie Maschinengewehrsalven auf mich einprasseln zu hören??
„Wo bist du so spät? Warum meldest du dich nicht? Kannst gern noch anrufen.
Ich bleibe wach, bis ich von dir höre. Kann so eh nicht schlafen." Was zu Beginn
besorgt klang, entpuppte sich zunehmend als bloße Eifersucht.*

*MEINE Liebe braucht bisweilen auch etwas Abstand – trotz der ohnehin beste-
henden Distanz. Abstand bedeutet nicht Distanz von dir. Und zwei Tage ohne
Nachricht bedeuten nicht gleich, dass ich einen neuen Partner habe. Auch das
sollte klar sein, ohne dass ich darüber Rechenschaft ablege. Sonst ist Fernbeziehung für mich nicht möglich!*

*Ciao.*

 **BRIEF 10**

*Rrrrummms, das hat gesessen. Schade. Eine Entschuldigung hätte ich erwartet.
Eine Klarstellung und Zurechtweisung habe ich erhalten. Vielleicht haben wir aneinander vorbeigeredet. Dass ich eifersüchtig bin, wie du es andeutest, stimmt
sicher auch ein wenig. Du bist dann eben so unerreichbar und ich frage mich
in solchen Situationen ganz schnell, was sich alles verändern kann in zwei, drei
Tagen ohne Kontakt.*

*Dass du es als „Rechenschaft ablegen" empfindest, ist schade. Ich würde es
hiermit gerne dabei bewenden lassen. Vielleicht besprechen wir das beim
nächsten Wiedersehen. Obwohl wir ja eigentlich die Konflikte aus dem Wochenende heraushalten wollen. Ich finde deine Sicht so nicht okay. Aber ich
respektiere sie. Gut geht es mir im Augenblick aber nicht. Das will ich dir auch
ganz klar sagen.*

*Hallo Chris,*

*muss dich zwischendurch per E-Mail stören. Hab dir doch von dem Fernbeziehungsbuch erzählt. Und nun kam eine Antwort! Ich habe sie mir einige Male durchgelesen und möchte sie dir nicht vorenthalten, denn es geht darin auch um unsere großen Themen Sehnsucht und um die Eifersucht.*
*Bis bald.*

*Liebe Eva!*

*bin beeindruckt, aber zugleich befremdet mich dieser Ratgeberton. Klingt manchmal etwas abgehoben. Aber da scheint auch einiges dran zu sein. Dein nächtlicher Brief hat ihn ja wohl mächtig beeindruckt. Nebenbei: Ich gebe zu, dass mir das durchaus gefällt, dass du so viel über die Sehnsucht nach Gemeinsamkeit mit mir geschrieben hast. Und dabei merke ich, wie sie gerade in mir aufsteigt. Denn allein, dass ich die Gedanken und die Eindrücke, die die Antwort des Autors bei mir hinterlassen haben, nun wieder schriftlich mit dir austauschen muss, dass wir nicht einfach über unseren Feldweg am Wald laufen können, um uns zu unterhalten, nicht einfach in die Kneipe nebenan gehen und an unserem gemütlichen, versteckten Lieblingsplatz am Fenster sitzen können, genau das zeigt leider schon wieder das Schwierige der Fernbeziehung auf. Aber okay. Ich gebe zu, die positiven Eindrücke dieses Briefs beschäftigen mich. Es gefällt mir, auch die Vorteile und besonderen Chancen unserer Situation aufzureihen, nicht nur immer die Nachteile. Das scheint mir wichtig. Sonst wird es zu anstrengend. Und dennoch muss ich auch sagen, dass ich etwas eifersüchtig bin, dass du deine tollen Gedanken einem anderen und nicht mir geschrieben hast. Wäre das nicht das Naheliegende gewesen? Zugegeben, eine dritte Meinung pustet nochmals ganz neuen Wind in unsere Gedankenflut. Und er hat natürlich recht, wenn er schreibt, dass wir Soldaten uns untereinander eher austauschen können über all diese Themen. Eben unter uns Kameraden. Für euch Soldatenfrauen ist es meist schwieriger. Und dann müsst ihr euch, wie du mir ja geschildert hast, sogar oft noch rechtfertigen bei Bekannten oder beim Bäcker. Wie lauten nochmals die drei Sätze, die du nicht mehr hören kannst und die dich so wütend machen? „Als Soldat weiß man doch, wofür man unterschreibt" und „Außerdem verdienen die Soldaten doch im Einsatz so viel Geld, dass Klagen fehl am Platz sind" – und vor allem: „Du musstest doch wissen, was es heißt, einen Soldaten zum Partner zu* haben?" Diesen Mist kann auch ich wirklich nicht mehr hören. Dass es uns verletzt, davon ganz zu schweigen.

Nochmals zu diesem Buch: Du weißt ja, dass ich eigentlich gegen solche Ratgeber bin, weil ich denke, dass wir so etwas nicht brauchen. Zumal es ja wohl kein Kochbuch für die Liebe gibt, das verrät, wie wir sie am besten heiß halten. Beim ersten Lesen habe ich mich bei dem Gedanken ertappt: „Das ist ja ein ganz schön steiniger Weg, wenn Fernbeziehung funktionieren soll. Hab ich darauf überhaupt Lust und die Kraft dazu? Und wo bleibt da der Kick der Beziehung?" Aber dann hat mich dein Autor gleich beruhigt. Denn es stimmt natürlich: Auch Nahbeziehungspaare leben sich auseinander. Auch sie müssen ringen umeinander und verlieren sich schnell, wenn sie die Beziehung für selbstverständlich nehmen. Genügend Beispiele haben wir ja in unserem Freundeskreis!

Und nun hab ich doch, wie von ihm vorgeschlagen, Papier und Stift zur Hand genommen und mal meine Liste der Wünsche, der Erwartungen in Bezug auf uns aufgeschrieben. Es war erst sehr gewöhnungsbedürftig. Aber es hatte auch ein wenig von der Situation, als wäre die berühmte Fee aufgetaucht, bei der man Wünsche äußern kann. Und so habe ich einige realistische und vielleicht auch etwas unrealistische Träume und Wünsche aufgeschrieben. Und so manche Verrücktheit ist wohl auch darunter. Nun bekommst du also, um dich ein wenig neugierig zu machen, irgendwann eine Liste von deinem Soldaten, mit Gedanken über uns und über Intimität, Hausbau, Streiten, Kinder, Bundeswehr, deinen Beruf oder unsere langfristige Zukunft. Schon jetzt ist das ein kleiner Schatz für mich. Und besonders scheint mir, dass viele Wünsche darauf stehen, die, wenn wir es beide wollen, schon jetzt Wirklichkeit werden können (oder schon immer wieder mal sind). Nun gilt es, auch noch ein wenig die vermeintlich unrealistischen Träume zu bedenken. Wenn du jetzt mein Lächeln sehen könntest … vermutlich ist es dieses etwas versteckt-verschmitzte, das du so an mir magst. Ich schicke es dir jedenfalls aus der Ferne.

**BRIEF 13**

*Lieber Chris,*
seit Donnerstag, als ich deinen Brief gelesen habe, halte ich die Sehnsucht nur noch schwer aus. Liste hin oder her, deine Gedanken machen mich alle noch viel neugieriger auf dich und ich kann es kaum erwarten. Am liebsten würde ich schon heute packen und losfahren. Ich ertappe mich dabei, über Gründe nachzudenken, warum ich morgen in der Arbeit fehlen könnte, um dich in deiner kleinen

*Wohnung zu überraschen. Und dann der Schock. Da war unser doofes Telefon-
gespräch heute. Ich wollte erst schon nicht anrufen, da ich wusste, wie gestresst
wir beide sind – und wie sehr unsere Vorfreude mal wieder zu wachsen beginnt
mit ganz konkreten Vorstellungen, wie es sein sollte, aber auch mit Befürchtungen wegen unseres Streits unlängst. Und dann Deine berühmte Frage: „Du hast
doch was, ich merke es doch an deiner Stimme?" „Neeeeein, ich habe nichts."
„Ich merke das doch." Und schließlich wieder deine unnötige Eifersucht wegen
gestern Abend, als du mich spätnachts nicht mehr erreicht hast. Ist das schon der
Vorbote für unseren Freitagsstreit? Manchmal möchte ich die Beziehungsflinte
am liebsten ins Korn werfen. Und das nach solch tollen Eindrücken.
Bis bald also*

**BRIEF 14**

*Liebe Eva,*

*es ist schon mühsam. Einerseits totale Vorfreude. Andererseits taucht wieder
dieses altbekannte Wiedersehens-Gespenst auf, das keiner von uns will und
braucht. Immerhin wissen wir nun, dass das wegen der zwei Welten normal ist,
dass das dazugehören kann. Ob sie wohl bei anderen Paaren auch so heftig aufeinander treffen, diese verschiedenen Lebenswelten? Aber unsere Kneipe mit
unserem Platz am Fenster zum Versöhnen und Aneinander-Gewöhnen wartet ja
immer. Dieses Wiedersehensritual liebe ich. Es schmeckt dann alles so sehr nach
Freitag, nach Wochenende. Und immer wieder finde ich es schön, dass du auch
nach so langer Zeit, die wir nun schon pendeln, immer noch den Platz reserviert
hast. Reserviert für unser langsames Wochenendeinstimmen sozusagen. Mal sehen, wie wir das dieses Wochenende machen, wenn wir hier bei mir sein werden.
Aber nochmals zurück zu unserem Streit. Ich finde es ganz gut, dass wir auch
am Telefon streiten. Damit unser heiliger Samstag, unser einziger gemeinsamer,
ganzer Tag, diesmal auch mal stressfreier bleiben kann. Vielleicht ist das dann
schon wieder eine zu konkrete Erwartung: ein stressfreier Samstag. Mal sehen.
Die Zeit zwischen unseren Wiedersehen mit Sehnsucht, Streit und Vorfreude geht
mal wieder dem Ende (oder besser dem Höhepunkt) zu, unserem Wiedersehen.
Morgen Nacht werden wir uns sehen. Erschöpft und kaputt wie immer. Ich freue
mich sehr. Aber vielleicht ist gerade das der Fehler: Dass wir uns zu viel vornehmen, dass wir das ganze Wochenende verplanen.
Dein Chris*

**BRIEF 15**

*Hallo Chris,*

*noch eine schnelle Antwort. Es bleiben wohl für die Zeit des Wiedersehens nur zwei Möglichkeiten, die mich aber beide nicht zufriedenstellen: Entweder wir lassen viel offen oder wir planen vieles ganz genau. Denn ansonsten können wir unsere gemeinsamen Freunde und Hobbys vergessen. Schon verrückt: Unser knappes, wertvolles Wochenende ist ein Konkurrenzkampf zwischen der Zeit, die wir mit Freunden, Eltern oder Hobby verbringen, und der Zeit, die du auch noch für dich selbst brauchst, zum Alleinsein und zum einfach Erholen, wie du dann sagst. Von Urlaubsüberlegungen oder normalen Planungen noch ganz zu schweigen.*

*Ist manchmal schon schwer zu verstehen. Denn ohne mich kannst du doch die ganze Woche sein, wenn du willst. Aber ich kann es dann auch wieder verstehen. Es muss halt alles rein in diese gemeinsame Zeit des Wiedersehens. Denn den Freitag können wir meist vor Erschöpfung vergessen. Oder besser: ihn „verbrauchen" wir für die Leidenschaft, das Wiedersehen und den Streit, für das Aufeinanderprallen der Welten so zusagen ... Und ab Sonntagmittag, wenn gepackt wird, ist das Wochenende wieder vorbei oder zumindest abschieds-melancholischer ...*

*Bin gespannt auf morgen!*

---

### Wochenend-Impressionen

Anstrengende Woche in den Beinen und im Kopf.
Endlich Freitag. Irgendwie bis Mittag durchkommen.
Der Kopf ist schon auf der Autobahn.
Hektische Abfahrt.
Anstrengendes Unterwegssein. Große Vorfreude.
Kilometer um Kilometer. Stunde um Stunde.
Stau.
Verzögerung des Ankommens. Total genervt.
Erschöpfung und Ankunft.
Kraft, Vorfreude, Sinnlichkeit, Erotik, Defizite, Lachen.
Wiedersehensfreude. Endlich im Arm liegen können.
Durchatmen. Ruhig werden.
Erste Gespräche. Schilderung der Woche. Kaum noch zuhören können.

Müde Augen. Gemeinsam einschlafen. Endlich wieder.
Frühstück. Erste überraschende, ungeplante Verpflichtungen.
Das hatte ich mir anders, entspannter vorgestellt.
Enttäuschung. Termine hinter sich kriegen. Spannungen.
Wo ist die Leichtigkeit? Was ist aus unserer Vorfreude geworden?
„Wieso bist du so gereizt? Ich hab doch alles getan,
damit das Wochenende entspannt wird."
Erste Pfeilspitzen der Verteidigung.
Langer, heftiger Streit … große Enttäuschung … Funkstille!
Langsames Auftauen.
So will ich nun nicht abfahren.
So kann ich die neue Woche nicht beginnen.
Entscheidung: Ich fahre morgen sehr früh.
Diesen Sonntagabend muss ich uns freikämpfen, um dieses mörderische
Schweigen zu beenden.
Langsames Annähern. Neuer Funkkontakt.
Und neuer Blickkontakt, diesmal ohne Wut
und wieder mit einem Hauch Zärtlichkeit.
Große Missverständnisse. Aneinander vorbeigeredet.
Zu viel interpretiert. Meine Vorfreude war doch so groß.
In deinen Armen liegen. Spüren, warum wir zusammen sind –
und das auch bleiben wollen. Allen Spannungen zum Trotz?
Warum erst jetzt?
Das ganze Wochenende danach gesehnt und doch überwogen Spannungen.
Nun, da die Zeit eigentlich vorbei wäre, ist es alles plötzlich wie ersehnt.
Flaues Abschiedsgefühl im Bauch. Typisches Fernbeziehungswochenende?
Viel zu kurze Nacht. Aber das war notwendig.
Am liebsten würde ich sagen: Bleib doch. Aber ich weiß, es geht nicht.
Und der Kreislauf beginnt. Wieder.
Aber es wird mehr als nur Kreislauf,
es ist ein Neuanfangen, bei jedem Wiedersehen
vertraut und neu zugleich.
Weiterentwicklungen – ein Montagsrückblick nach dem Wochenende …

*Liebe Eva, welch Wiedersehen!*

*Danke für die gemeinsame Zeit – und danke für deine Ehrlichkeit. Und wenn es noch so komisch klingt: danke für den ehrlichen Streit. Er hat mir gezeigt, wie sehr du um uns ringst. Auch wenn es mit mancher Unzufriedenheit einhergeht. Das ist halt auch Fernbeziehung. Und das ist nun mal eine Rahmenbedingung für mich, weil ich Soldat bin. Ich weiß, es ist nicht so einfach, wie mancher formuliert: „Der Soldat ist mobil." Denn wir zwei müssen immer wieder neu anfangen. Gar nicht so einfach. Es war wichtig zu erfahren, was dir derzeit so auf den Wecker geht bei mir – und worauf du eigentlich nicht mehr verzichten willst – und eben, was du dir so sehr von mir wünschst und wovor du Angst hast. Denn irgendwie dachte ich: „Ich tu doch wirklich so viel, damit alles passt bei uns. Ich fahre nahezu jedes Wochenende so weit und dann nörgelt sie." Aber ich habe verstanden, dass wir zwei auch zwei verschiedene Blickwinkel auf unser Beziehungsleben haben. Und dass das normal ist und nicht automatisch bedeutet, dass es keinen Zweck hat.*

*Auch wenn du gedacht hast, mir deine Sichtweise doch immer klargemacht zu haben: Sie war mir einfach nicht bewusst und umso mehr danke ich dir, dass du gesagt hast, was dir wichtig ist. Ich hoffe, du kannst auch meine Sichtweise verstehen.*

*Bis morgen am Telefon!*

*Lieber Chris,*

*nachdem am Wochenende großes Schweigen angesagt war und wir erst am Sonntagnachmittag endlich ins Reden kamen, war es sicher gut, erst Montagmorgen zu fahren. So haben wir diesen unendlich wichtigen Sonntagabend gewonnen. Ich weiß, das macht man sonst nur in der Anfangszeit der Beziehung, in der Verliebtheitsphase. Denn wenn wir dafür am Montag beide so früh wach sein müssen, hängen wir die halbe Woche in den Seilen. Aber: Es war diesmal sooo wichtig, denn es hatte sich so viel aufgestaut. Ich war am Platzen vor Wut, vor Verletztheit und auch vor Traurigkeit. Natürlich bin ich schon den ganzen Tag wie gerädert (und meine Augenränder scheinen faustgroß). Das ist der Preis für einen gewonnenen Sonntagabend. Es war schon mörderisch, so früh durch die Lande zu tingeln und eigentlich bettreif am Montag ans Werk gehen*

zu müssen. Das kennen wir ja beide. Aber es hat sich gelohnt. Auch wenn wir erst so spät streiten und reden konnten. Alles war besser als diese unerträgliche Sprachlosigkeit. Deshalb war es mir unendlich wertvoll, mit dir in aller Ruhe streiten zu können. Solange wir es schaffen, uns wieder zu versöhnen, ist das kein Problem!
Ich drück dich

PS: Und nochmals danke für deine Listen. Das war sehr bewegend, überraschend und ein bisschen wie Weihnachten, das zu lesen. Ich weiß, jetzt bin dann wohl ich irgendwann dran. Aber gib mir noch ein wenig Zeit dafür. Es ist wohl doch schwieriger als ich dachte und es braucht einen ruhigen Abend dafür.

**BRIEF 18**

Liebe Eva,
ich denke darüber nach, was du dir wünschst. Und mir ist auch klar, dass unsere Fernbeziehung wohl keine Sache für viele weitere Jahre sein kann. Aber du weißt auch, dass Auslandseinsätze und Wochenendbeziehungen wohl Teil meines Lebens bleiben werden. Wie sagtest du: „Ich brauche eine Perspektive, etwas, worauf ich mich freue, und die Hoffnung, dass wir auch mal näher beieinander leben." Das müssen wir beide langfristig zusammen entscheiden. Denn zusammenziehen bedeutet bei jeder Versetzung auch wieder einen Neuanfang mit Nachbarn und Freunden – und wenn wir mal Kinder haben, müssten die immer die Schule wechseln. Das ist schwierig. Aber es stimmt, eine Zukunftsperspektive brauchen wir. Deshalb gilt es für uns beide, kreativ und vor allem kompromissbereit zu sein. Und ich habe verstanden, dass wir auch im entfernten Alltag zeigen müssen, dass wir ein Paar sind. Und dass es wohl wichtig ist, dich nicht zu verschonen. Dass wir den anderen an unserem Alltag teilhaben lassen müssen, damit wir am Freitag wissen, wer da überhaupt kommt. Anscheinend gibt es keine noch so banalen Erlebnisse, die man nicht erzählen sollte – das ist schon eine wesentliche Erkenntnis! Und dass wir wieder lernen müssen, Gefühle auf die Ferne auszutauschen. Nur dadurch, dass wir intensiv immer wieder ins Gespräch kommen, nutzen wir die Vorteile, die unsere Fernbeziehung bietet. Denn die Nachteile spüren wir ja tagtäglich. Und dann kann Fernbeziehung ja vielleicht wirklich das werden, was der Autor des Buches sagt: unser „Trainingslager für die Liebe" – und das Leben.

**BRIEF 19**

*Lieber Chris,*

*„Trainingslager für die Liebe" hört sich gut an. Denn ein Trainingslager ist sicher kein Zuckerschlecken. Und es klingt nach großer Mühe. Aber es legt die Grundlage, dass der „Ernstfall" klappen kann. Habe einen Satz zu Fernbeziehungen in einem Interview gehört, den ich dir gerne schreiben möchte, denn er beschäftigt mich seither: „Es ist nie einfach nur ein Wiedersehen. Es ist stets ein Neuanfang." Das klingt mühsam. Aber so bleiben wir auch wach füreinander. Und das zählt. Es zählt, dass wir einander nah sein wollen!! Das ist Beziehung – ob in der Nähe oder Ferne.*

**BRIEF 20**

*Liebe Eva,*

*ganz schnell eine Nachricht. Habe eben einen Zettel von dir gefunden. Bin beeindruckt, ein wenig melancholisch und vor allem sehnsuchtsvoll. Danke für die tollen Zeilen, die ich mit in die nächsten Zeiten unserer turbulenten, aber spannenden Fernbeziehungszeit nehme: „Entfernung ist für die Partnerschaft wie Wind für die Segel – zu viel bricht den Mast ab, aber zu wenig bringt Stillstand und Flaute."*

*Klingt kitschig. Aber: Ich weiß jetzt, dass Fernbeziehung auch bedeuten kann, dass wir bisweilen um den anderen mehr kämpfen als von ihm träumen müssen. Und ich weiß, dass das bisweilen ziemlich weh tut und heftig unromantisch sein kann. Dann aber bleibt uns eines sicher: Dass jedes Wiedersehen ein Neuanfang wird. Und dass wir zu diesem „miteinander neu anfangen" immer wieder in der Lage sind. Das zeichnet uns doch aus. Das macht uns stark.*

*Ich träume von dir ...*

ENDE? Nein, Anfang!

# 9.3 Anmerkungen zum Briefwechsel

**DIESEN BRIEFWECHSEL** hat es genau so nie gegeben – er ist von mir erfunden oder besser nacherzählt. Vielleicht mag er für manchen auch etwas zu ideal, zu romantisch wirken. Es ist auch nicht so gedacht, dass Ihre Briefe so klingen müssten. Und doch könnte es diesen Austausch der Partner täglich geben, denn er spiegelt typische Fragen, Entwicklungen und Nöte, aber auch Chancen von Fernbeziehungen wider, wie sie sich in den Seminaren immer wieder zeigen. Somit bietet er eine ganze Reihe wichtiger Anregungen für die Fernbeziehungspartner. Inwiefern Teile dieses typischen Wochenendbeziehungs-Briefwechsels charakteristisch für Sie persönlich sind, das müssen Sie selbst entscheiden. Der folgende Fragebogen soll dazu ein Wegweiser sein. Er ermöglicht Ihnen, angeregt durch den Briefwechsel, nochmals eine Zusammenfassung wichtiger Gedanken. Nachdem Sie den Briefwechsel beide gelesen oder vom Hörbuch gehört haben, könnten Sie das Blatt kopieren, ausfüllen und sich gegenseitig die Antworten per Post schicken oder z. B. bei einem Spaziergang darüber sprechen. Das kann auf „unaufdringliche" Weise den so wichtigen Austausch über wesentliche Vorstellungen erleichtern.

Anregungen, die Sie aus dem Briefwechsel festhalten sollten:

Worauf möchte ich bei meiner eigenen Beziehung achten, wenn ich an den Briefwechsel denke?

.........................................................................................................................

.........................................................................................................................

Mir ist besonders wichtig für unseren Austausch per Telefon oder Brief und für unsere Gespräche:

.........................................................................................................................

.........................................................................................................................

Welche Gefühle und Ansichten aus dem Briefwechsel teile ich?

.........................................................................................................................

.........................................................................................................................

Welchen Gefühlen und Ansichten aus dem Briefwechsel widerspreche ich ausdrücklich? Was erlebe ich ganz anders? Was möchte ich so nicht erleben?

..................................................................................................................

..................................................................................................................

Was ist mir in dem Briefwechsel darüber hinaus aufgefallen?

..................................................................................................................

..................................................................................................................

Einige Gedanken, die ich nach dem Lesen des Briefwechsels ausdrücklich für meinen
Partner/meine Partnerin festhalten möchte:

..................................................................................................................

..................................................................................................................

Was hat mir in diesem Briefwechsel gefehlt?

..................................................................................................................

..................................................................................................................

■ Ich (Name) ........................................................... erhoffe/erwarte mir, wenn ich
an den gelesenen Briefwechsel und unsere Fernbeziehung denke:

..................................................................................................................

..................................................................................................................

..................................................................................................................

■ befürchte/habe Angst vor:

..................................................................................................................

..................................................................................................................

..................................................................................................................

■ sehe derzeit folgende Chancen besonders für die Partnerschaft:

...................................................................................................................................

...................................................................................................................................

...................................................................................................................................

■ möchte gerne mit meinem Partner/meiner Partnerin vereinbaren:

...................................................................................................................................

...................................................................................................................................

...................................................................................................................................

# 10. SCHLUSSGEDANKEN UND AUSBLICK

Nein, Sie sind jetzt nicht am Schluss angekommen. Vielmehr beginnt nun der Weg Ihrer Beziehung, sei es ein Auslandseinsatz, eine Pendler-, eine Wochenendbeziehung oder die Nahbeziehung, erst richtig – oder neu. Jetzt ist auch ein idealer Zeitpunkt, das Trainingsprogramm für Paare zu beginnen. Wie Sie dieses oder das Hörbuch beziehen können, ersehen Sie aus der Literaturliste.

Dieses Praxisbuch will Ihnen Mut machen! Dass Auslandseinsätze und Wochenendbeziehungen viele Belastungen, immer wieder auch Einsamkeit und Alleinsein im Alltag, Sehnsucht sowie zahlreiche, traurige Abschiedsmomente mit sich bringen, ist zweifelsfreie Tatsache. Dass Auslandseinsätze und Distanzbeziehungen dabei in ihrer Qualität aber stark beeinflussbar sind und gelingen, ja sogar erfüllen können, für diese Erkenntnis soll Ihnen Mut gemacht werden. Es kommt darauf an, aus den Belastungen und vor allem den Ängsten eine gemeinsame Stärke zu machen. Denn auch eine Nahbeziehung bedeutet noch lange keine zufriedenstellende Partnerschaft. Bei all den Denkanstößen, die direkt und zwischen den Zeilen zu hören waren, gilt ein Leitwort ganz bestimmt für Auslandseinsatz, Fernbeziehung und Wochenendbeziehung: Fangen Sie nie an, miteinander aufzuhören. Und hören Sie nie auf, miteinander anzufangen.

# 11. KOPIERVORLAGEN FÜR DEN AUSTAUSCH ZWISCHEN DEN PARTNERN UND IN DER FAMILIE

Die folgenden Kopiervorlagen können den Austausch und die Kommunikation wesentlicher Aspekte zwischen zwei Partnern erleichtern. Auch können Ihnen diese Vorgaben helfen, sich über wichtige Aspekte klarer zu werden und zu erkennen, wo Handlungsbedarf herrscht, was Sie belastet und was erleichtern kann.

Füllen Sie die Kopiervorlagen aus, und wenn Sie möchten, tauschen Sie sich mit dem Partner/der Partnerin/der Familie über seine/ihre Sicht der Dinge aus. Ideal sind diese Vorlagen auch für einen Austausch per Post rund um den Einsatz.

Das Wort „Einsatz" bezieht sich besonders in den folgenden Kopiervorlagen sowohl auf den Auslandseinsatz als auch auf die Wochenendbeziehung. Beides sind, wie viele Teilnehmer in den Seminaren betonen und wie schon im Buchtitel deutlich wird, oft auch eigene „Einsatzzeiten" für Partnerschaft und Familie.

**Meine Einsatzwünsche**

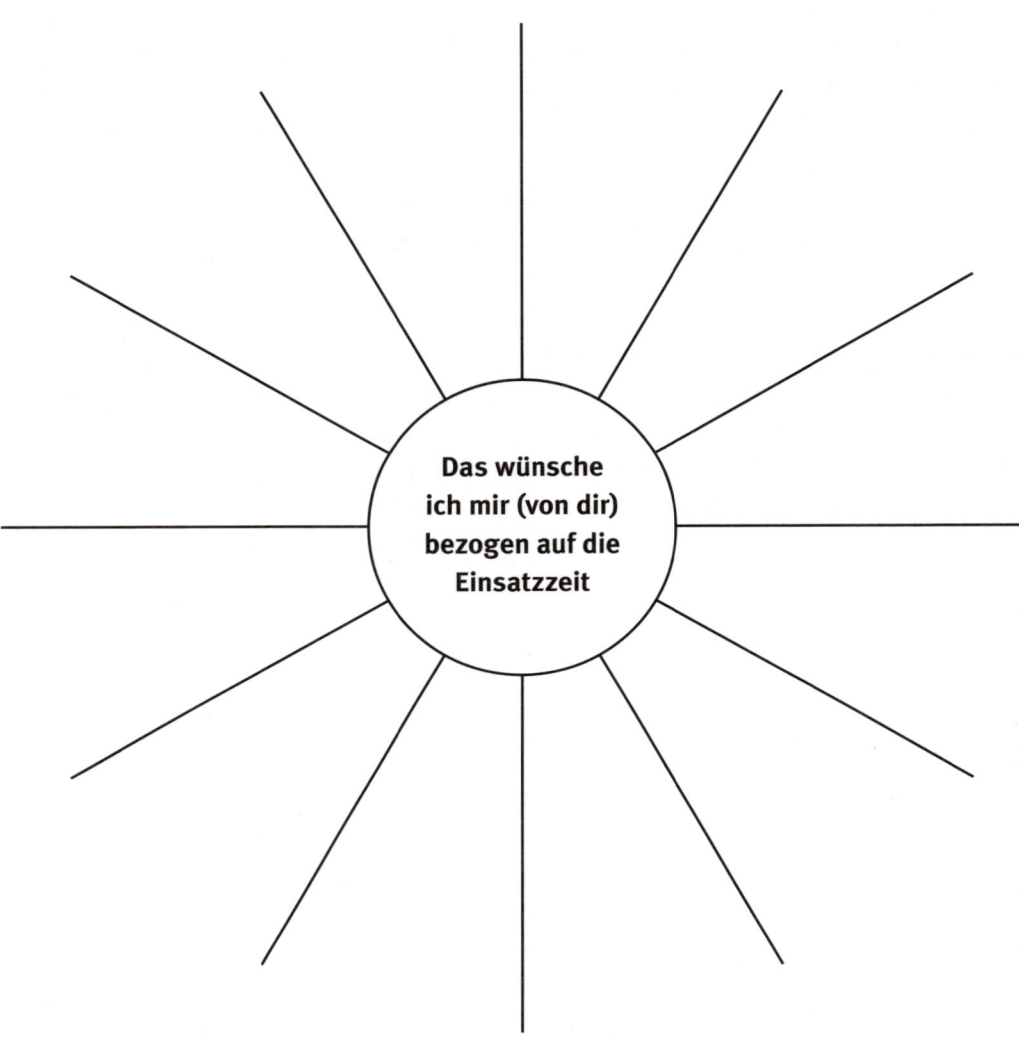

**Deine Einsatzwünsche**

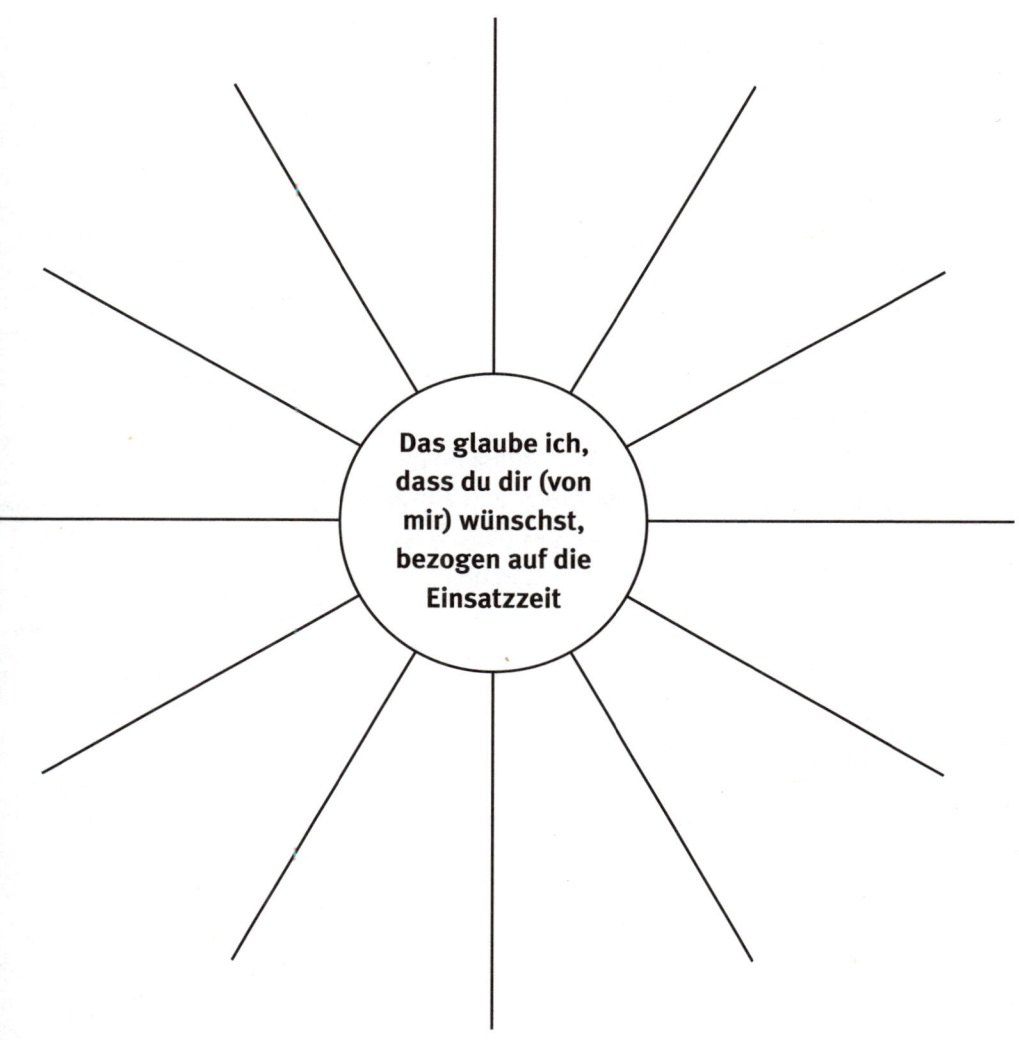

Das glaube ich, dass du dir (von mir) wünschst, bezogen auf die Einsatzzeit

**Meine Einsatzwünsche bezüglich der Kinder – von dir und von ihnen**

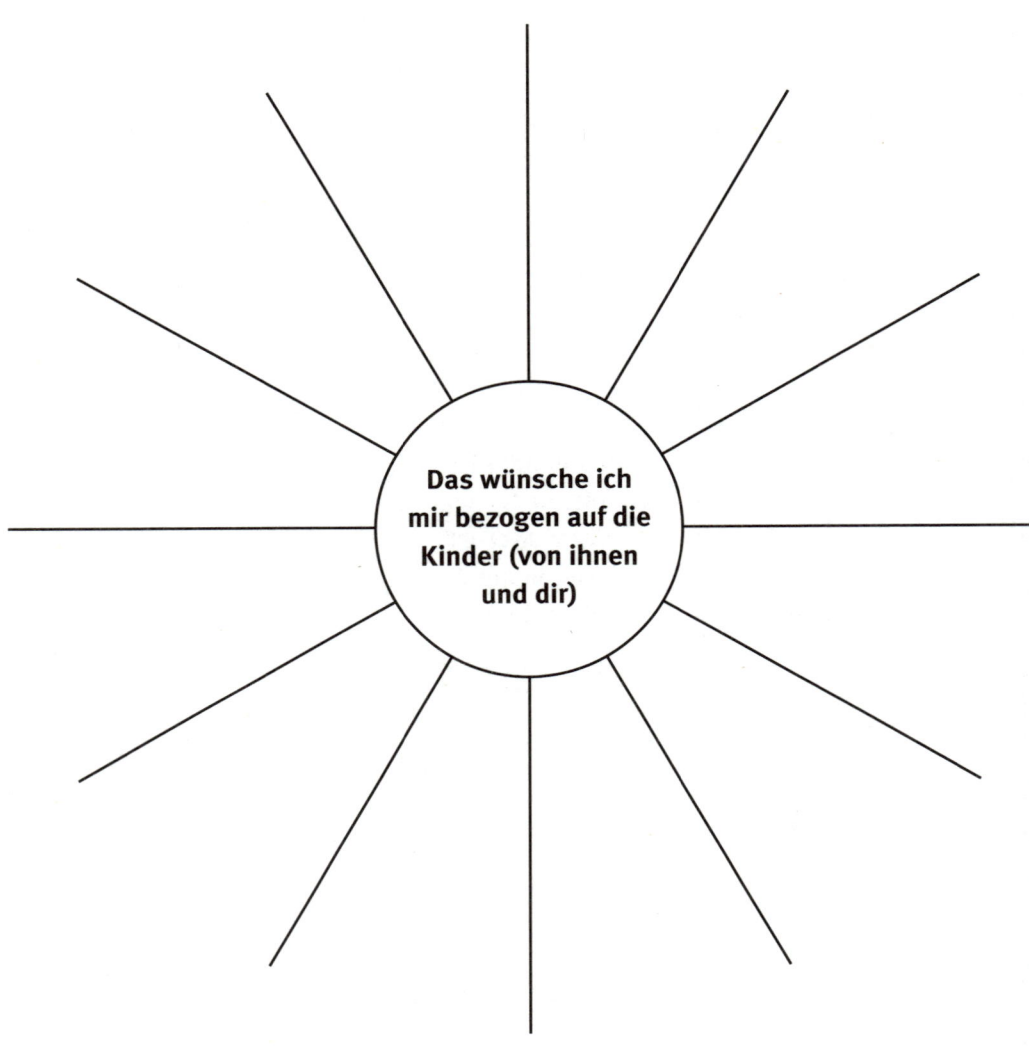

Das wünsche ich mir bezogen auf die Kinder (von ihnen und dir)

## Einsatzwünsche unserer Kinder

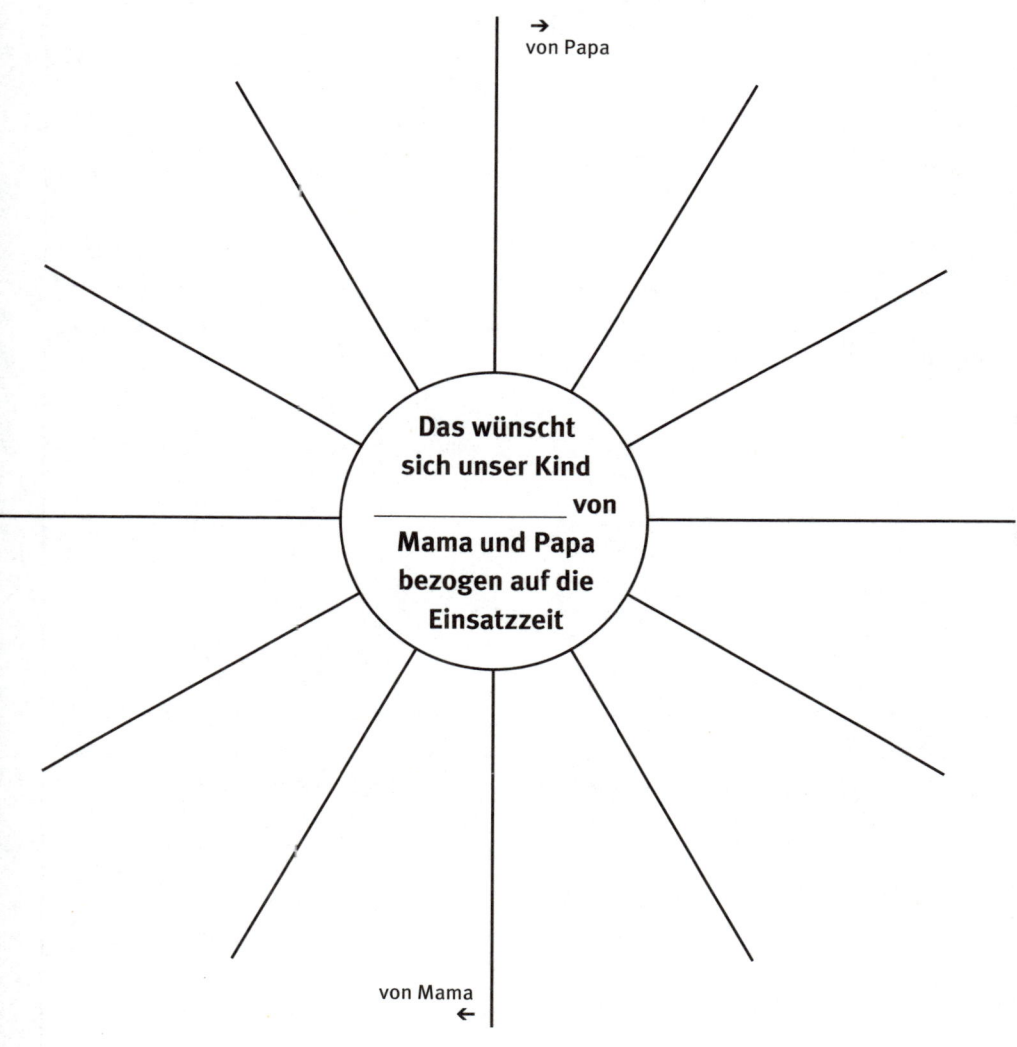

→ von Papa

Das wünscht
sich unser Kind
_____ von
Mama und Papa
bezogen auf die
Einsatzzeit

von Mama
←

**Ängste im Einsatz, die mich beschäftigen und die ich mit dir teilen möchte:**

mich betreffend ...

dich betreffend ...

uns betreffend ...

unsere Kinder, Eltern, Schwiegereltern, Angehörige, Freunde betreffend ...

## Entwicklungschancen im Einsatz

mich betreffend ...

dich betreffend ...

uns betreffend ...

Kinder, Eltern, Schwiegereltern, Angehörige, Freunde betreffend ...

## Was gehört in meine/unsere Notfallbox für schwierige Fernbeziehungszeiten?

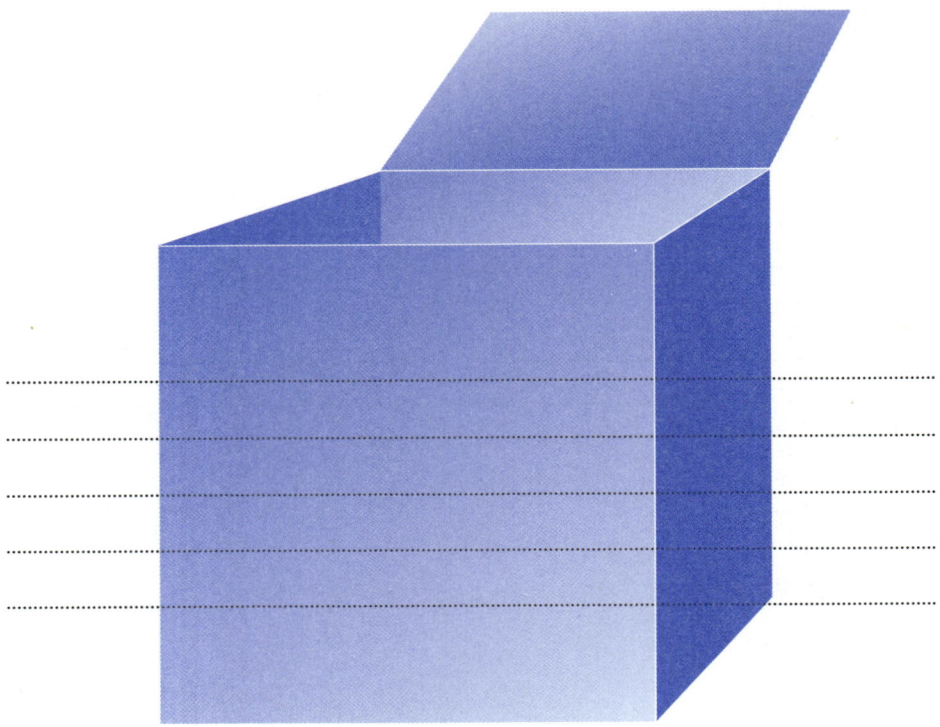

Was kann ich als „Notfallbox" für schwierige Fernbeziehungszeiten vorbereiten, damit ich die Tage unserer Fernbeziehung erträglicher gestalten kann? Welche Menschen werden mir dann hilfreich sein? Es gilt, gründliche Vorbereitungen zu treffen, so dass ich im Bedarfsfall nur noch darauf zurückgreifen muss. Vgl. dazu besonders Kapitel 7.3 und 8.5.

**Die Zeit des Einsatzes aus meiner Sicht**

Was sind meine Eindrücke, Erfahrungen und Gedanken zu folgenden Themen:

**Partnerschaft**

...............................................................................................................................

**Kind/Kindern**

...............................................................................................................................

**Ängste**

...............................................................................................................................

**Stress und Negatives**

...............................................................................................................................

**Einsamkeit**

...............................................................................................................................

**Chancen für uns und Positives**

...............................................................................................................................

**Die Zeit des Einsatzes aus der Sicht meines Partners/meiner Partnerin**

So könnten die Eindrücke meines Partners/meiner Partnerin in der Zeit des Einsatzes zu folgenden Themen lauten:

**Partnerschaft**

.......................................................................................................................

**Kind/Kindern**

.......................................................................................................................

**Ängste**

.......................................................................................................................

**Stress und Negatives**

.......................................................................................................................

**Einsamkeit**

.......................................................................................................................

**Chancen für uns und Positives**

.......................................................................................................................

## Mein Zeitkreis/unser Zeitkreis: „Zeitfresser" und „Zeitinseln"

Der Kreis wird in einzelne Abschnitte („Kuchenstücke") gegliedert. Die Teilbereiche sollen die Aufteilung Ihrer Lebensinhalte nach Zeit, Aufwand und Wichtigkeit widerspiegeln. Je größer der Zeit- und Energieaufwand für eine Angelegenheit oder Person ist, desto größer ist auch das Stück, das dafür eingezeichnet wird. Fragen können dazu sein: Wie viel Zeit beanspruchen die einzelnen Bereiche? Wie viel Zeit habe ich für mich selbst, für Schönes oder Hobby und Erholung? Wie viel Zeit nehmen wir uns als Paar (im Alltag daheim oder auch für die Kommunikation, wenn wir räumlich getrennt sind)? Wie viel Zeit verbringen wir als Familie? Welche Verpflichtungen „fressen" unsere gute Zeit auf?
Wenn der Zeitkreis fertig ist, könnten Sie in einer zweiten Farbe (oder in einen zweiten Kreis) Ihre Wunschvorstellung einzeichnen. So erhalten Sie eine wichtige Übersicht über Ihren Zeit- oder Energieaufwand und können sich allein, mit dem Partner/der Partnerin oder der Familie der Frage stellen, wo Zeit gewonnen und umverteilt werden kann oder auch muss.

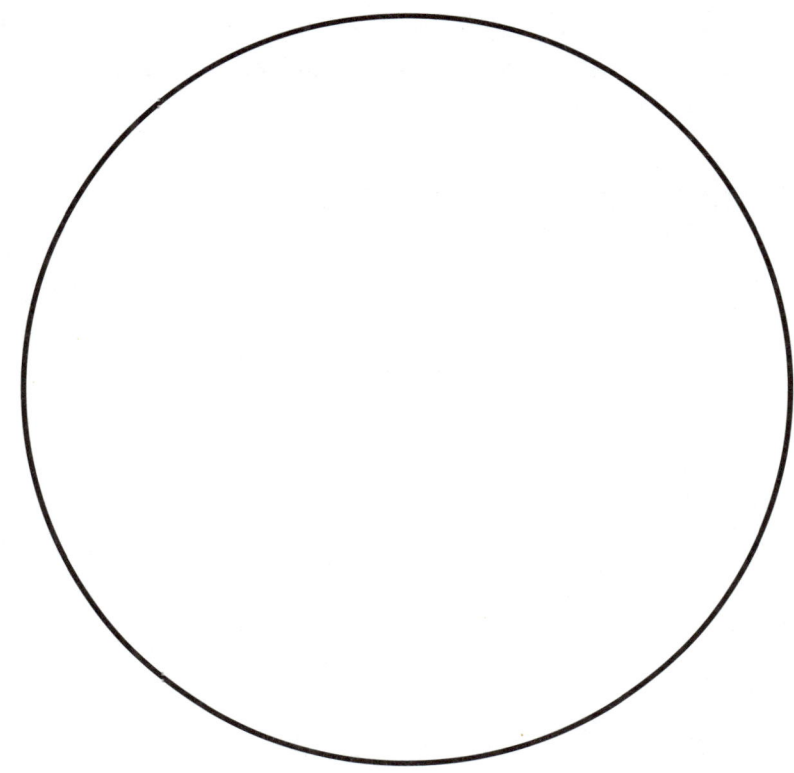

## Was wäre wenn...

Es ist vor dem Einsatz eine der schwierigsten Fragen überhaupt: „Was wäre, wenn mir oder dir in der Zeit des Einsatzes etwas zustoßen sollte?" Diese Frage richtet sich nicht nur an den Soldaten, sondern genauso an die daheimbleibenden Partner. Diese Fragestellungen werden meist aus Vorsicht oder Angst tabuisiert. In der Auseinandersetzung damit stecken jedoch für die Partner enorme Potenziale. Natürlich muss die Frage sensibel gehandhabt werden.

**Was ich mir wünsche, wenn mir (oder dir) etwas zustoßen sollte**

......................................................................................

......................................................................................

......................................................................................

**Was ich auf keinen Fall wünsche, wenn mir (oder dir) etwas zustoßen sollte**

......................................................................................

......................................................................................

......................................................................................

## „Spielregeln einer erfüllenden Fernbeziehung für die Schranktüre"

Die zusammenfassende Übersicht der **„Spielregeln einer erfüllenden Fernbeziehung"**, die bereits in Kapitel 3 angekündigt wurde, kann herausgetrennt oder kopiert und an einer für Sie passenden Stelle sichtbar als Erinnerung platziert werden. Der Fantasie sind dafür keine Grenzen gesetzt. Als Anregung seien hier die Schrank- oder Spindtüre genannt. So wird aber auch nebenbei daran erinnert: Ihre Beziehung findet auch im „ganz normalen Alltag" statt, nicht nur in den Zeiten des Wiedersehens.

 **Tauschen Sie sich aus und lernen Sie gemeinsam Probleme zu lösen**
Sprechen Sie ab, wie und wie oft Sie einander sehen müssen um dem Partner/der Partnerin nah zu bleiben. Sprechen Sie ab, wie und wie oft Sie in der Entfernung und in der Nähe kommunizieren wollen.
Teilen Sie ihrem Partner/Ihrer Partnerin wichtige, aber auch alltägliche Gedanken, Gefühle und Erwartungen mit. Nur so können Sie wissen, was in ihm/ihr vor sich geht.

 **Fernbeziehungspaare brauchen gemeinsame Zukunftsperspektiven und Ziele. Und für beide Partner muss die Distanzbeziehung Sinn machen und verständlich sein**
Klären Sie, warum überhaupt und wie lange Sie eine Distanzbeziehung führen müssen oder wollen. Das schützt vor Enttäuschungen. Tauschen Sie sich immer wieder neu aus über gemeinsame Zukunftsvorstellungen, Sehnsüchte und Hoffnungen. Entwickeln Sie gemeinsame Visionen. Wichtig ist auch eine mittelfristige Perspektive, etwa ein gemeinsamer Urlaub.

 **Planen Sie Zeit-Inseln ein für Spontaneität, Nichtstun und Erholung**
Überfrachten Sie die gemeinsame Zeit nicht mit zu vielen Erwartungen und Plänen. Machen Sie einen Zeitplan für das Wochenende und das Wiedersehen, das verschont Sie vor mancher Spannung.

 **Seien Sie auch entfernt „ein Team"**
Sie gehören sowohl in der gemeinsamen als auch in der entfernten Zeit zusammen. Zeigen Sie das ihrem Partner/Ihrer Partnerin mit kleinen Zeichen, etwa einer überraschenden Postkarte.

 **Keine Angst vor Traurigkeit und Spannungen beim Wiedersehen und Abschied**
Die zwei Lebens-Welten der Fernbeziehung müssen immer wieder neu zusammenwachsen. Wenn also am Wiedersehens- oder Abreisetag stets „cicke Luft" herrscht, ist das kein Zeichen dafür, dass Sie sich auseinandergelebt haben. Auch Nahbeziehungspaare streiten. Nur vielleicht nicht an so absehbaren Tagen.

 **Achten Sie auf sich selbst und kultivieren Sie einen erfüllenden Alltag alleine**
Die Fernbeziehung lässt oft auch Raum für Dinge, für die sonst keine Zeit wäre. Nutzen Sie das. Und: Nur wer sich selbst pflegt und verwöhnt, kann auch die Partnerschaft pflegen. Wer nur auf das Wiedersehen wartet, wird bald erschöpft sein.

 **Verschonen Sie Ihren Partner/Ihre Partnerin nicht**
Unerfreuliches sollte ausgesprochen werden. Auch vermeintlich Banales bleibt besser nicht ausgespart. Bedenken Sie: „Heimliche Wünsche werden unheimlich selten erfüllt!" Vertrauen und Verlässlichkeit sind für die Fernbeziehung unerlässlich

# 12. ÜBERBLICK

## Ausgewählte Initiativen zu Ehe, Familie und Partnerschaft im Kontext der Bundeswehr

**ES FOLGT EIN ÜBERBLICK** aanhand von Internetadressen über wichtige Einrichtungen und Initiativen für Soldaten und Soldatinnen, ihre Angehörigen sowie ihre Bezugspersonen. Aufgrund der Fülle ist leider nur eine kleine Auswahl möglich.

- www.soldatimeinsatz-partnerschaftimeinsatz.de (Homepage des Autors)
- www.gelingende-fernbeziehung.de (Homepage des Autors)
- www.ku.de/zfg.de (Zentralinstitut für Ehe und Familie in der Gesellschaft. Zentrale Forschungseinrichtung an der Katholischen Universität Eichstätt-Ingolstadt. In Kooperation mit dem Katholischen Militärbischofsamt werden die Themen „Ehe, Familie, Partnerschaft im Kontext Bundeswehr" besonders unter den Bedingungen von Auslandseinsätzen und Wochenendbeziehungen reflektiert. Neben der wissenschaftlichen Forschung werden Praxisprogramme entwickelt z.B. für Paare, Familien, Kinder und Mitglieder des Psychosozialen Netzwerks (PSN): z.B. zu den Themen „Gelingende Fern-Beziehung", „Zusammen schaffen wir das!" oder „Psychohygiene von Militärseelsorgern".
- www.katholische-militärseelsorge.de (Seite des Katholischen Militärbischofsamtes, z.B. mit einer Übersicht über die Militärseelsorge vor Ort)
- www.kas-soldatenbetreuung.de (zahlreiche Initiativen für die Betreuung von Soldaten, für ihre Familien, für Angehörige und Zivilangestellte der Bundeswehr)
- www.krisenkompass.de (Informationen, Hilfen, Literaturhinweise rund um den Alltag einer Soldatenfamilie)
- www.eas-berlin.de (Initiativen für Soldaten, Zivilangestellte der Bundeswehr und z.B. Familienangehörige)
- www.bundeswehr.de/de/betreuung-fuersorge/militaerseelsorge (Vorstellung der Katholischen und Evangelischen Militärseelsorge)
- www.bundeswehr.de/de/betreuung-fuersorge/betreuungsportal

# 13. LITERATURLISTE FÜR SOLDATENFAMILIEN

**Weiterführende Literatur und Bezugsadressen:**

- Peter Wendl: Gelingende Fern-Beziehung. Entfernt zusammen wachsen. Verlag Herder. 9. Auflage, Freiburg 2019.
- Peter Wendl: 100 Fragen, die Ihre Beziehung retten. mvg Verlag. 4. Auflage. München 2017.
- Zusammen schaffen wir das! Eine Broschüre des Zentralinstituts für Ehe und Familie in der Gesellschaft (ZFG) an der Katholischen Universität Eichstätt-Ingolstadt mit zahlreichen Tipps und Info-Flyern für Eltern, Kita und Schule. Die Hilfestellung für Eltern, die mit ihren Kindern die Zeiten von Einsatz und Wochenendbeziehung gut meistern wollen.
- Peter Wendl, Alexandra Ressel, Peggy Puhl-Regler: Jonas wartet aufs Wochenende. Das Mutmachbuch für Soldatenfamilien, wenn Papa oder Mama pendelt. 2019.

Die beiden ersten Veröffentlichungen sind im Buchhandel kurzfristig bestellbar. Alle Publikationen sind i.d.R. erhältlich beim Katholischen Militärpfarramt am Standort oder über das

Zentralinstitut für Ehe und Familie in der Gesellschaft (ZFG)
Kooperationsprojekt KMBA-ZFG
Katholische Universität Eichstätt-Ingolstadt
Marktplatz 4
85072 Eichstätt
Email: zfg-projekt@ku.de

Anmerkung: Zu Kapitel 2.1 sei als Quelle auf das von G. Kümmel herausgegebene Buch „Diener zweier Herren. Soldaten zwischen Bundeswehr und Familie" verwiesen, besonders auf den Aufsatz von S. Collmer: „Soldat, Familie und Mobilität: Neue Trends zur Lösung widersprüchlicher Anforderungen" (Frankfurt a. M. 2005).

## Widmung und Dank

Ich widme dieses Buch meiner Frau Tanja, meinen Eltern Elfriede und Andreas sowie meinen Brüdern Herbert und Hans mit Emmi!

Für unseren Zusammenhalt, der uns gemeinsam auch in schwierigen Zeiten stark macht, danke ich besonders meinen Familien Wendl in Karlskron und Ingolstadt, meiner Familie Rochelt in Bad Säckingen sowie der Familie Schenn.

Für freundschaftliche Verbundenheit und kritische Begleitung des Projekts danke ich sehr herzlich: Eva Vierring, Verena Gievers, Dr. Nathalie Frank, Andreas Horn, Michael Bayer, Rebecca Kirchmann, Heimo und Jakob Essl, Sabine Schlieter, Prof. Dr. Peter Boekholt, Prof. Dr. Eberhard Schockenhoff, Mark Rochelt, Familie Schneeberger, Marc Gualandi, Simone Naujock, Dr. Mark Zander sowie Markus Kapp, Dagmar Koch und Doris Quaschner.

Frau Diplom-Pädagogin Alexandra Ressel danke ich für die wertvolle graphische, inhaltliche und freundschaftliche Unterstützung. Für Korrekturen und die intensive, redaktionelle Begleitung danke ich Frau Susanne Franz. Für die wichtige fachliche Beratung sowie Korrekturen herzlichen Dank an Herrn Diplom-Psychologen Jan Schlieter. Herrn Lukas Trabert vom Verlag Herder danke ich für Vorschläge und kritische Begleitung bei der Entstehung des Buches.

Zu besonderem Dank bin ich zahlreichen Militärseelsorgern und Militärseelsorgerinnen sowie dem Katholischen Militärbischofsamt (KMBA) in Berlin verpflichtet. Stellvertretend bedanke ich mich besonders bei Herrn Militärdekan Monsignore Johann Meyer sowie bei Herrn Leitenden Wissenschaftlichen Direktor i.K. Lothar Bendel für ihr großes Vertrauen.